십자가의 벗들에게 보내는 편지 수록

성모님께 대한
참된 신심

몽포르의 성 루도비코 지음

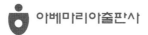 아베마리아출판사

성모님께 대한 참된 신심

4

Treatise on the True Devotion
to the
Blessed Virgin Mary
by
Saint Louis-Marie
Grignon De Montfort
Translated from French
by William Faber

Montfort Publications
Bayshore, NY. 11706

Translated by
Blue Army Korean Center

머 리 말

"어떤 특정 성인이나 지역의 수호자를 레지오의 수호성인으로 받아들이지 않기로 한 결정에 비추어볼 때 몽포르의 복자 그리니옹을 포함시키는 것은 얼핏 논란의 소지가 있는 것처럼 보인다. 그러나 레지오 발전에 이분만큼 큰 역할을 한 성인이 없다. 레지오 마리애 교본은 이분의 정신으로 가득 차 있고, 레지오의 기도문들은 바로 이분이 하신 말들을 그대로 반영하고 있다. 이분은 사실상 레지오의 스승이므로 레지오가 이 성인의 이름을 부르는 것은 거의 도의적으로 당연한 의무이다"(레지오 마리애 교본 24장 3항).

레지오 마리애가 루도비코 성인을 수호성인으로 삼아 이름을 부르며 기도하는 것도 좋지만, 이 성인의 저서를 읽고 이 성인이 지녔던 마리아께 대한 신심을 깊이 파악하고 실천하는 것은 더 중대하리라 여겨집니다.

레지오 마리애 교본 24장에서는 또한 이같이 기록하고 있습니다. "성 루도비코 마리아는 수도회의 창립자일 뿐만 아니라 선교사였다. 또한 그는 선교사 이상의 다른 면도 있는데, 교회의 박사와 신학자로서 그때까지 아무도 착상하지 못한 성모학을 우리에게 마련해주었다. 그는 성모 신심의 뿌리를 매우 깊이 탐구하여 널리 보급하였고, 우리에게 현세에 일어난 모든 성모 발현을 미리 알려주었다. 즉, 루르드로부터 파티마에 이르는 모든 성모 발현과 성모님의 원죄 없으신 잉태에 관한 교의 선포로부터 레지오 마리애의 출현에 이르기까지 예언한 분이다. 그는 성모님을 통하여 하느님의 왕국이 이 땅에 오고 있음을 알리는 데 힘썼으며, 때가 차 하느님의 동정 성모님이 티없이 깨끗하신 성심으로 인류가 목말라하는 구원을 세상에 가져다주신다는 사실을 전해주었다"(1948년 12월 8일, 성 베드로 대성전, 몽포르의 성 루도비코 마리아 성상 제막식에서 훼데리고 테데스키니 추기경의 강론).

몽포르의 성 루도비코는 1673년 1월 31일 프랑스 브르타뉴 지방의 몽포르라는 작은 마을에서 탄생하셨고 1716년 4월 28일에 43세를 일기로 돌아가셨으며, 1947년 7월 20일에 성인품에 오르셨습니다. 이 성인의 많은 저서들 중 《성모님께 대한 참된 신심》이란 이 책은 성인이 미리 예고한 기묘한 역사를 갖고 있습니다. 루도비코 성인은 이 책에 대해서 "적어도 악마들은 이 작은 책이 세상의 빛을 받지 못하게 어두운 구석이나 궤짝 깊은 곳에 처박아두게 하고, 더욱이 이 책을 읽고 행동으로 실천하는 사람들을 붙잡아 박해할 것이다"(본문 114항)라고 예언했었는데, 그 예언대로 이 책은 출판되지 못한 채 1790년 프랑스 혁명 당시 땅에 묻혔다가 1842년 4월 21일에 가서야 발견되었습니다.

이 책의 원래 제목은 '그리스도 왕국에 대한 준비'였지만 1843년에 '거룩한 동정녀께 대한 참된 신심에 관한 논문Tratite de la vraie dévotion à la Sainte Vierge'이란 제목을 갖게 되었습니다.

이 성인은 단순히 학술적인 내용만이 아닌 마리아에 대한 신심을 실천하기 위한 지침서를 쓰고자 하셨으며, 이 성인이 뜻한 신심은 그리스도 왕국을 준비하기 위한 신심이라고 볼 수 있습니다. 어쨌든 이 기묘한 발견은 "마리아의 세기"라는 한 중대한 사건이 되었습니다. 그리고 마리아에 대한 비결이 담긴 이 책은 추기경들의 열렬한 추천을 받으며 세계 각국어로 번역되었고 여러 교황님들, 특히 비오 11세, 비오 12세, 요한 23세 같은 교황님들은 이 신심을 직접 실천하셨으며 더구나 현 교황 요한 바오로 2세께서는 이 신심대로 완전한 봉헌을 실천하고 계신 분으로 다음과 같이 말씀하실 정도입니다.

"나는 몽포르의 루도비코 성인의 교리를 오랫동안 공부하였고 매우 좋아하고 있을 뿐 아니라, 이 성인의 가르침을 따라 내 자신의 모토를 그의 책에서 뽑아내어 'Totus Tuus'(온전히 당신의 것)로 정하였다."

루도비코 성인은 참으로 예언자였습니다. 묵시록의 요한이 파트모스 섬에서 바라본 것과 같이 몽포르의 루도비코 성인도 마지막 때에 마리아의 보호 아래 마리아의 사도들이 사탄과 벌이게 될 싸움을 보셨고 또 그 승리를 보셨던 것입니다. 그리고 이것은 바로 그의 위대하고 열정적인 신심의 주된 사상이었습니다.

이 책은 원래《마리아의 신심》이란 제목으로 번역되어 1966년에 한국어판이 처음 발간되었는데, 1982년에《성모님께 대한 참된 신심》이란 제목으로 바뀌어 출판되었고, 이번에는 그동안의 불편을 감안하여 1권과 십자가의 벗들에게 보내는 편지를 합하여 한 권의 책으로 내놓게 되었습니다. 부디 마리아의 자녀들인 형제자매들의 일독을 권합니다. "그리스도의 시대가 오도록 마리아의 시대가 오소서!"

2000년 7월
파티마의 세계 사도직(푸른군대) 한국본부
하 안토니오 신부

Antor Traumer

차 례

제1부

◆◆

복되신 동정 마리아께 대한 신심

예수께서는 마리아를 통하여 다스리고자 하신다

1. 예수께서는 동정 마리아를 통하여 이 세상에 오셨고 역시 마리아를 통하여 이 세상을 다스리고자 하신다.

2. 마리아는 일생 동안 사람들에게 거의 알려지지 않았었다. 그래서 성령과 교회는 그분을 "Alma Mater-숨은 은밀한 어머니"라고 부른다. 그 이유는 마리아는 지극한 겸손으로 항상 사람들 가운데 숨어 살기를 원하였고, 자신에 대해서는 전혀 생각지 않고 오직 하느님께서 자신을 알아주시는 것만으로 만족하였기 때문이다.

3. 하느님께서는 세상에 드러나지 않은 채 가난하고 비천하게 살기를 원하는 마리아의 청을 허락하셔서 마리아의 잉태와 탄생, 마리아의 삶과 모든 신비들 그리고 마리아의 승천을 세상의 모든 사람들에게는 숨기셨다.
마리아의 부모들조차도 마리아를 제대로 알지 못했으며 심지어 천사들까지도 "저 여인은 누구인가?"(아가 3, 6; 8, 5 참조)라며 서로 물었다. 왜냐하면 지존하신 하느님께서 천사들에게까지 마리아의 신비를 숨기셨기 때문이며, 설령 어떤 부분은 계시해주셨다 해도 그것은 아직 드러나지 않은 마리아의 모든 신비에 비하면 아무것도 아니기 때문이다.

4. 성부께서는 마리아에게 기적을 행할 능력을 주셨으면서도, 마리아가 이 세상에 사는 동안에는 모든 사람들에게 널리 알려지고 드러나는 기적을 행하지 않음도 허락하셨다. 성자께서도 마리아에게 당신의 지혜를 나누어주셨지만, 마리아가 거의 이야기를 하지

않을 것을 허락하셨다. 그리고 성령께서도 마리아가 비록 당신의 배필이시지만 사도들과 복음사가들이 마리아에 대하여 별로 말하지 않고 또 예수 그리스도를 널리 알리기 위해서 꼭 필요한 것이 아닌 한 마리아에 대해서는 언급하지 않도록 허락하셨다.

5. 마리아는 지극히 높으신 하느님의 가장 완전한 걸작품으로서 하느님만이 마리아를 완전히 알고 소유하는 권리를 유보하셨다. 마리아는 하느님 아들의 훌륭한 어머니이시고 하느님께서는 마리아를 모든 천사들과 사람들보다도 더욱 귀하게 여기시고 사랑하셨지만, 마리아의 겸손을 도와주기 위해 마리아가 이 세상에 사는 동안에는 여느 여자들처럼 "여자, 여인"(요한 2, 4; 19, 26)이라고 불리며 겸허하게 숨은 생활을 하도록 하셨다. 마리아는 "봉해 둔 샘"(아가 4, 12)이며 성령의 충실한 배필이므로 마리아 안에 들어갈 수 있는 분은 오직 성령뿐이시다. 마리아는 지극히 거룩한 삼위일체이신 하느님의 지성소요 안식처로서, 하느님께서는 마리아 안에 계시는 것이 케루빔과 세라핌 위의 당신 어좌나 이 우주의 그 어느 훌륭한 곳보다도 더 마음에 들어 하신다. 아무리 순결한 조물일지라도 그 안에 들어가기 위해서는 특별한 은총이 필요하다.

6. 나는 성인들과 함께 이렇게 말한다. "마리아는 새로운 아담의 지상 낙원이다. 그 안에서 성자께서는 이해할 수 없는 놀라운 일을 하시기 위하여 성령의 권능으로 사람이 되셨다"라고. 마리아는 하느님의 위대하고 영광스러운 세계로서 그곳은 이루 말할 수 없는 아름다움과 무한한 보화로 가득 차 있다. 하느님의 웅대함인 마리아 안에 하느님은 당신의 품 안에 품듯이 독생성자를 숨기셨고 그 외아들 안에 또한 가장 존귀한 모든 것을 감추셨다. 오! 전능하신 하느님께서 이 놀라운 인간 안에서 얼마나 위대하고 신비에 찬

일을 많이 하셨는가! 깊은 겸손을 지닌 마리아조차도 "전능하신 분께서 나에게 큰일을 해주신 덕분입니다"(루카 1, 49)라고 찬미하지 않을 수 없었다. 하지만 세상 사람들은 그처럼 훌륭하고 감추어진 일들을 알지 못했으며, 설사 누가 알려주어도 알아들을 수 없었다.

7. 수많은 성인들이 신성한 하느님의 도성都城인 이 마리아를 찬미했다. 그리고 그들은 마리아에 대해서 말을 할 때면 다른 어떤 때보다도 더욱 신기한 힘을 느끼고 기뻐하지 않을 수 없었다고 고백했다. 또한 그들은 하느님의 어좌에까지 다다른 마리아의 공덕의 높이는 감히 헤아릴 수가 없고, 이 세상보다 더 넓게 펼쳐진 마리아의 사랑의 넓이는 측량할 수 없으며, 심지어 하느님에게도 미칠 수 있는 마리아의 능력의 크기는 짐작조차 할 수 없고, 마리아의 겸손과 성덕과 은총의 깊이는 너무나 깊어서 잴 수도 없다고 말한다. 오, 알 수 없는 높이여! 오, 이루 말할 수 없는 넓이여! 오, 무한한 위대함이여! 오, 헤아릴 수 없는 심연이여!

8. 땅의 이 끝에서 저 끝까지, 가장 높은 곳에서부터 가장 깊은 곳에 이르기까지, 모든 조물들이 날마다 끊임없이 마리아에 대해서 말하고 마리아를 전하고 있다. 하늘의 구품 천사들과 모든 시대의 사람들, 모든 생명체들, 모든 선인과 악인들과, 심지어 마귀들까지도 자기 의지와 상관없이 진리의 힘에 의하여 마리아의 영광을 찬미하지 않을 수 없다. 보나벤투라 성인의 말과 같이 하늘의 모든 천사들은 "거룩하시도다. 거룩하시도다. 동정녀이시며 하느님의 어머니이신 마리아님, 당신은 거룩하시나이다"라고 끊임없이 노래부르고 있고(성 보나벤투라의 성모 시편 ; Psalt. majus B. V. Hymn instar Ambrosiani) 하루에도 수없이 "아베 마리아!" 하고 부르면서 마리아 앞에 엎드려 필요한 은총을 받을 수 있도록 기도하

고 있다. 아우구스티노 성인이 말한 것처럼 구품 천사들 중에서 첫째가는 미카엘 대천사도 지극한 열성으로 마리아를 존경하고 또 많은 이들이 마리아를 존경하기를 바라는 나머지 마리아께 봉사할 영광을 얻기 위하여 '마리아의 종'(성 보나벤뚜라, Speculum B. V, lect Ⅲ, no. 5)들 중에 어떤 이에게 도움이 필요로 할 때면 언제나 빨리, 기꺼이 도와주려고 항상 대기하고 있다고 말했다.

9. 온 땅에, 특히 그리스도인들 사이에는 마리아의 영광이 가득하다. 그러므로 땅에서는 마리아를 많은 나라와 지방, 교구와 도시를 보호하는 수호성인으로 모신다. 마리아의 이름으로 축성된 대성당은 수없이 많고, 거의가 마리아의 이름으로 하느님께 봉헌된 성당들이며, 여러 가지 축복을 받게 하는 기적의 성모상이나 성화를 모시지 않는 나라가 없을 만큼 마리아의 이름은 전 세계에 널리 알려져 있다. 또 수없이 많은 수도회와 신심회가 마리아의 영광을 위해서 봉헌되었으며, 마리아의 이름과 마리아의 보호 아래 있지 않는가! 그리고 수없이 많은 신심단체의 회원들과 수도자들이 날마다 마리아를 찬미하고 마리아의 자비를 전하고 있지 않는가! 말을 더듬는 어린아이들의 입으로일망정 "아베 마리아"를 찬미하지 않는 아이가 없고, 마음이 굳어버린 죄인이라 하더라도 마리아에 대한 신뢰와 존경심을 조금이라도 가지고 있지 않는 죄인이 없으며, 지옥의 마귀들조차도 마리아를 두려워하고 한편으로는 존경하고 있지 않는가!

10. 우리가 지금까지 아무리 마리아를 찬미했다 하더라도 우리는 성인들과 함께, "마리아에 대한 찬미는 아무리 해도 부족하다"고 말하지 않을 수 없다. 마리아에 대한 우리의 찬미와 존경과 사랑은 아직도 너무나 부족하며, 마리아는 찬미와 존경, 사랑과 봉사

를 더욱 많이 받아야 마땅한 분이시다.

11. 그러므로 우리는 성령과 함께 "임금님 딸의 모든 영광은 그 안에 있도다"(시편 44, 14)라고 말하지 않을 수 없다. 마치 하늘과 땅이 서로 다투어 그분께 바치는 모든 외적인 영광도 창조주로부터 받아 마리아 안에 간직된 영광에 비하면 아무것도 아닌 것처럼, 이러한 사실이 미약한 피조물인 우리에게는 알려지지 않았다. 그것은 우리가 지존하신 왕의 심오한 신비를 알아챌 수 없기 때문이다.

12. 결국 우리는 바오로 사도가 그렇게 했던 것처럼 "눈으로 본 적이 없고 귀로 들은 적이 없으며 아무도 상상조차 하지 못한 일"(1코린 2, 9)이라고 말하지 않을 수 없다. 자연과 은총과 영광의 기적들 중의 기적(성 요한 다마스쿠스, Oratio Ia de Nativ. B. V.)인 마리아가 얼마나 아름답고 위대하며 고귀한지 눈으로 보지 못하였고, 귀로 듣지도 못하였으며, 사람으로는 마음으로 이해하지도 못하였다. 에우체리우스 성인은 "그대가 어머니를 알고자 한다면 그 아들을 알아야 한다. 마리아는 천주 성자에게 합당한 어머니이기 때문이다!"라고 하였다. "이 말에 모든 이는 입을 다물고 있어야 한다."

13. 나는 지금까지 마리아가 오늘에 이르기까지 거의 알려지지 않았음을 이야기해왔다. 그리고 마리아가 알려지지 않은 것은 예수 그리스도 또한 세상에서 제대로 이해되지 못하고 있는 원인 중의 하나라는 것을 보여주기 위해 특별히 기쁜 마음으로 이 모든 것을 썼다. 그러므로 하느님의 섭리에 의하여 예수 그리스도께서 이 세상에 널리 알려지고 그분이 다스리시는 세상이 되려면, 우선 마리아가 세상에 알려지고 또 마리아의 왕국이 확장되어야 한다. 마리아, 그분이야말로 예수 그리스도가 이 세상에 처음으로 오실 때

세상에 태어나게 하신 분이시며, 그리스도께서 영광스럽게 다시
오실 때에 또다시 앞서 오실 것이기 때문이다. 하느님께서는 당신
의 가장 위대한 일들을 지극히 거룩하신 동정녀를 통하여 시작하
시고 끝마치시고자 하셨다.

제1장
마리아와 마리아께 대한 신심의 필요성

14. 마리아는 지존하신 하느님의 손으로 창조된 순수한 하나의 피조물에 불과하다는 것을 나는 고백한다. 그러므로 마리아는 전능하시고 영원하신 하느님께 비하면 너무나 보잘것없는 존재에 불과하여 차라리 가장 작은 원자라고 해도 좋을 것이다. 하느님만이 유일한 존재, 즉 "나는 곧 나다"(출애 3, 14)라고 하신 바와 같이 주님만이 홀로 계시는 분이시기 때문이다. 하느님께서는 당신 스스로 존재하심으로써 다른 것에 의존하지 않으시며, 완전무결한 분이시기 때문에 당신의 뜻을 실현하시고 당신의 영광을 드러내시는 데는 마리아의 협조가 조금도 필요하지 않다. 하느님께서는 원하시기만 하면(의지만으로) 모든 것을 이루실 수 있기 때문이다.

15. 그럼에도 불구하고 하느님께서는 당신 친히 지극히 거룩하신 마리아를 창조하신 뒤로 당신의 가장 위대한 일을 마리아를 통해서 시작하고 완성하기를 원하신다는 것이다. 그분은 하느님이시므로 미래에 대한 당신의 뜻과 계획을 절대로 바꾸시지 않을 것이다. 하느님의 영원한 계획은 절대 변하지 않는다.

제1절
하느님께서는 마리아를 통하여 강생하기를 원하셨다

16. 성부께서는 당신의 외아들을 마리아를 통해서 세상에 보내 주셨다. 성조들이 구세주를 얼마나 갈망했으며, 구약의 예언자들과 의인들이 얼마나 오랫동안 그분을 애타게 기다렸던가! 그러나

그들 중에서 구세주 예수 그리스도를 세상에 맞아들이기에 알맞은 분은, 자신의 기도의 힘과 높은 성덕으로 이 보물을 가질 자격을 얻고 하느님의 은총을 가득히 받았던(루카 1, 30 참조) 마리아 한 분뿐이었다. 아우구스티노 성인의 말과 같이, 이 세상은 하느님의 아들을 직접 맞아들이기에는 합당하지 못하였으므로, 하느님 아버지께서는 당신 아들을 마리아에게 잉태시켜 세상이 마리아로부터 하느님의 아들을 받아들이게 하셨던 것이다.

성자께서는 인류를 구원하시기 위해 사람이 되셨다. 그러나 마리아 안에서, 마리아를 통해서 되셨다. 성령께서도 성자를 마리아 태중에 잉태케 하셨으나, 먼저 당신의 첫 번째 사신을 보내어 마리아의 승낙을 받으셨던 것이다.

17. 성부께서는 단순한 피조물인 마리아를 구세주의 어머니로 선택하시고, 당신 아들 예수 그리스도와 그리스도 신비체의 모든 지체들을 낳을 수 있는 풍성한 능력을 마리아에게 주셨다.

18. 성자 예수 그리스도께서는 새로운 아담이 그의 지상 낙원에 오듯이 동정 마리아의 태중에 내려오시어, 그 안에 즐겨 숨어 계시면서 거룩한 은총의 놀라운 일들을 행하셨다. 사람이 되신 하느님께서는 마리아의 태중에 있으면서도 자유를 누리셨고, 그 나이 어린 처녀에게 당신을 가지게 하심으로 당신의 권능을 발휘하셨으며, 성부와 당신의 영화를 지상의 모든 인간들에게는 감추시고 오직 마리아에게만 알리심으로써 당신과 성부의 영광을 드러내셨다. 또한 그분은 당신의 잉태, 탄생, 성전에의 봉헌, 30년간의 숨은 생활을 통해서, 그리고 예전에 하느님의 뜻에 따라 아브라함이 이사악을 제헌하셨음과 같이 마리아의 동의로 영원하신 성부께 제헌되기 위하여 마리아가 지켜보게 된 당신의 죽음에 이르기까지 사랑

하올 동정 마리아에게 순종함으로써 당신의 완전성과 존엄성을 드러내셨다. 예수님을 낳아 젖을 먹이고, 음식을 주고, 돌보아주며, 애지중지 기르고 마침내 우리를 위해서 당신 아드님을 희생 제물로 바치셨던 이는 마리아이시다.

영원하시고 완전무결하신 하느님께서 미천한 조물인 마리아에게 순종했다는 것은 얼마나 놀랍고도 기묘한 일인가! 비록 성령께서도 사람이 되신 그 지혜께서 숨어 사시는 동안 행하신 온갖 신비로운 활동을 우리에게 숨기셨지만, 이 놀라운 일의 무한한 영광과 아름다움의 일부를 복음서 안에서 완전한 비밀로 감추지 못하고 결국 우리에게 보여주시려고 하셨다. 어머니 마리아에게 30년 동안 순종하며 사신 것은 예수님께서 큰 기적을 행하여 전 인류를 회개시킨 것 이상으로 하늘에 계신 성부께 큰 영광을 드렸다. 그러므로 우리의 유일한 모범이신 예수 그리스도의 모범을 따라 하느님께 영광을 드리기 위해 마리아께 우리 자신을 예속시킴은 얼마나 하느님께 영광을 드리는 것이 되겠는가!

19. 예수님의 나머지 생애도 유심히 관찰해보면, 예수께서는 마리아를 통해서 기적을 시작하기를 원하셨다는 것을 알 수 있다. 즉 그분은 엘리사벳의 태중에 있는 세례자 요한을 마리아의 입을 통해 성화시키셨다. 마리아가 말을 하자마자 엘리사벳의 태중에 있던 요한이 거룩해졌는데, 이는 은총계에 있어서 예수님의 첫 번째 요 가장 큰 기적이었다. 또 카나의 혼인 잔치에서 예수께서는 마리아의 겸손한 청을 받아들여 물을 포도주가 되게 하셨는데, 이는 자연계에 있어서의 예수님의 첫 번째 기적이었다. 이와 같이 예수께서는 마리아를 통하여 첫 기적을 행하시고 계속하셨으며, 세상 마칠 때까지 마리아를 통하여 당신의 기적을 행하실 것이다.

20. 성부께서는 성자를 낳고, 성부와 성자에게서 발하시는 성령께서는 하느님 안에서 또 다른 위격을 지닌 천주 위位를 낳는 생산 능력을 발휘하지 않으시고 그분의 정배가 된 마리아 안에서 비로소 풍성한 생산 능력을 발휘하셨다. 성령께서 그분의 최대의 역사, 즉 하느님이 사람이 되게 하신 것은, 또 세상 마칠 때까지 날마다 하느님의 선택된 자와 그리스도를 머리로 하는 그 지체들을 계속 낳으시는 것은 마리아와 더불어, 마리아 안에서이다. 그러므로 성령께서는 어떤 영혼 안에 당신과 떨어질 수 없는 충실한 정배 마리아가 있다는 것을 발견하면 그 영혼 안에 예수 그리스도를, 예수 그리스도 안에 그 영혼을 낳기 위하여 더욱 많고 더욱 훌륭한 활동을 그 영혼 안에서 하신다.

21. 이는 성령께서 참된 생산 능력을 가지지 못했으므로 마리아가 그 능력을 성령께 드렸다는 것이 아니다. 성령 역시 하느님이시므로 성부와 성자와 조금도 다름없이 생산력이나 창조력을 가지고 계시기 때문이다. 내가 여기서 말하고자 하는 것은, 남의 도움을 빌리지 않고 당신의 힘으로 무엇이든지 이룰 수 있는 성령이셨지만 마리아를 통하여, 마리아 안에서 예수 그리스도와 그분의 지체들을 낳으심으로써 당신의 생산 능력을 발휘하셨다는 사실이다. 이는 아무리 박학한 학자, 아무리 신심 깊은 신자라 할지라도 완전히 깨달을 수 없는 은총의 한 신비인 것이다.

제2절
하느님께서는 마리아를 통하여 영혼들을 구원하기를 원하신다

22. 삼위일체이신 하느님께서는 예수 그리스도의 강생과 첫 번째 오심에서 보여주셨던 그와 같은 방법으로, 그러나 우리 눈으로

는 볼 수 없는 방법으로 매일 거룩한 교회 안에서 역사하시며 그
리스도의 재림으로 세상이 끝날 때까지 그처럼 역사하실 것이다.

23. 성부께서 모든 물을 한곳에 모으시어 바다라고 부르신 것
처럼, 그분은 모든 은총을 한곳에 모으시어 마리아라고 부르셨다.
위대하신 하느님께서는 빛나고 아름답고 귀중한 모든 것, 심지어
하느님의 외아들까지도 담고 있는 풍성한 보물 창고를 가지고 계
시는데, 그것이 바로 마리아이시다. 그래서 성인들은 마리아를 두
고 우리 모든 인간이 풍성한 보화를 나누어 가질 수 있는 "하느님
의 보고寶庫"라고 부른다.

24. 성자께서는 당신의 삶과 죽음으로써 얻은 무한한 공로와 놀
라운 성덕을 모두 당신의 어머니 마리아에게 넘겨주셨고, 또 성부
로부터 받은 모든 유산을 마리아가 관리하고 나누어주도록 맡기셨
으며, 마리아를 통하여 당신의 공로와 성덕과 은총들을 당신의 지
체인 모든 사람들에게 나누어주신다. 예수께서 당신의 자비를 잔
잔하고 풍성하게 쏟아 흘려보내 주시는 통로이면서 신비스러운 운
하이신 분은 바로 마리아이시다.

25. 성령께서는 당신의 충실한 정배이신 마리아에게 말할 수 없
이 놀라운 선물들을 맡겨주셨고, 마리아를 당신이 가지고 있는 모
든 것을 나누어주는 분배자로 선택하셨으므로, 마리아는 성령의
이 모든 선물과 은총을 당신이 원하는 사람에게, 원하는 때에, 원
하는 만큼, 또 원하는 방법대로 나누어주신다. 그러므로 천상 선
물이 마리아의 손을 거치지 않고 사람들에게 주어지는 것이라고는
하나도 없다. 이것은 우리가 모든 것을 마리아를 통해서 받게 되기
를 원하신 하느님의 뜻이기 때문이며, 또한 이는 당신의 전 생애를

통해서 깊은 겸손으로 자신을 하느님 대전에서 아주 무가치한 존재로 미천하게 생각하고 자신을 감추셨던 마리아를 전능하신 하느님께서 특별히 들어 높이시고, 부유하게 하셨으며 영광되게 해주셨기 때문이다. 이것은 우리 교회와 교부들의 의견이다.

26. 만일 내가 오늘날의 지식인들에게 내 신심을 전하려고 했다면, 나는 성서 안에서 그리고 교부들의 라틴어 구절들을 인용하고, 쁘와레 신부님의 《성모님의 세 개의 왕관》이라는 저서에서 뽑아 구체적으로 그 근거를 제시했을 것이다. 그러나 나는 지금 지식인들보다도 착한 뜻을 가진 가난하고 단순한 사람들에게 내 신심을 전하고자 한다. 이들은 대개 그들보다 신앙심이 더 깊어, 내가 뜻하는 신심을 아주 쉽게 수용하고 더 많은 공로를 쌓는다. 그들에게는 진리를 설명하는 것만으로도 충분하기 때문에, 새삼 이해할 수 없는 라틴어 구절을 인용하느라 머뭇거리고 싶지는 않다. 그럼에도 불구하고 앞으로 계속 써나가면서 내 마음에 떠오르는 몇 가지 라틴어 구절들을 인용해보겠다. 그러나 굳이 찾으려 노력은 하지 않겠다.

27. 은총은 본성을 완성하고 하늘의 영광은 은총을 완성하는 것처럼, 그리스도께서는 세상에서 마리아의 아들이었던 것과 다름없이 하늘에서도 여전히 마리아의 아들일 것은 틀림없는 사실이다. 그래서 예수께서는 모든 어머니 가운데서 가장 훌륭한 어머니이신 마리아에 대해서, 모든 자녀들 가운데서 완전한 아들로서의 존경과 순종을 하늘에서도 계속 드리고 계실 것이다. 물론 이 순종이 예수 그리스도께서 어느 면에서 낮거나 불완전해서가 아니라는 것을 명심해야 한다. 하느님이신 아들 예수 그리스도께 비하면 무한히 비천하며 낮은 위치에 서 있는 마리아가, 마치 손아래 있는 자

기 아들에게 명령하는 이 세상의 어머니처럼 아들 예수님께 명령할 수는 없다. 하느님이 모든 성인들을 당신 안으로 깊숙이 이끌어 주는 그 은총과 영광 안에 마리아도 완전히 잠겨 있으므로, 마리아는 영원히 변할 수 없는 하느님의 뜻에 어긋나거나 반대되는 것은 청하지도 않고 행하지도 않으신다. 그러므로 만일 성 베르나르도, 성 베르나르디노, 성 보나벤투라 및 다른 많은 성인들의 책에서 하늘과 땅의 모든 것이 심지어 하느님까지도 마리아에게 순종했다는 것을 읽었다면, 이는 하느님께서 마리아에게 은총으로 주신 권위가 마치 하느님께서 가진 권능과 마찬가지로 보일 만큼 컸다는 것이고, 또한 마리아께서는 항상 겸손하시고 하느님의 뜻에 완전히 일치해 있으므로 마리아의 기도와 간청이 하느님께 마치 명령과 같아서 그분의 사랑하는 어머니의 부탁이라면 거절하는 일이 없을 정도의 힘을 가지고 있다는 뜻으로 알아들어야 한다.

일찍이 모세는 "네 기도를 그치고 나에게 거역한 백성들을 나의 분노대로 벌받게 버려두라!"고 말할 정도로 대단했던 이스라엘 사람들에 대한 하느님의 분노를 자신의 기도의 힘으로 진정시켰다. 이렇게 하느님께서는 모세에게까지도 그러하셨거늘 하물며 하느님 대전에서 하늘과 땅의 모든 천사들과 성인들의 기도와 전구보다도 더 힘이 있는 하느님의 어머니이신 겸손한 마리아의 기도에 대하여 어찌 그와 같은 결과를 바랄 수 없겠는가?

28. 하늘에서 마리아는 천사들과 축복받은 자들에게 명령을 내릴 수 있는 권한을 가지고 계신다. 마리아의 깊은 겸손에 대한 보답으로 하느님께서도 당신을 배반한 천사들이 교만으로 떨어져 나가 비어 있는 자리를 성인들로 채우도록 마리아에게 권한을 부여하고 위임하셨다.

하늘과 땅 그리고 지옥에 있는 모든 것이 좋든 싫든 겸손하신 동정 마리아의 명령에 복종해야 한다는 것이 겸손한 자를 들어 높이시는(루카 1, 52 참조) 하느님의 뜻이다. 하느님께서는 이렇게 마리아를 하늘과 땅의 모후로, 당신 군대의 사령관으로, 당신 보고寶庫의 관리자로, 당신 은총의 분배자로, 당신의 위대한 신비를 행하는 일꾼으로, 인류 구원의 협조자이며 중개자로, 하느님의 원수들에 대한 승리자로, 그리고 당신의 위업과 개선의 충실한 협조자로 삼으셨던 것이다.

29. 성부께서는 세상 마칠 때까지 마리아를 통해서 당신의 자녀들을 낳기를 원하시며 마리아께 이렇게 말씀하신다. "너는 야곱의 땅에 네 집을 정하라"(집회 24, 8). 즉 에사우로 상징되는 악마의 자녀들 가운데가 아닌 야곱으로 상징되는 하느님의 자녀들 가운데 거처를 정하라고 하신 것이다.

30. 자연적이며 육체적인 낳음에 아버지와 어머니가 필요한 것처럼, 초자연적이며 영적인 낳음에도 하느님이신 아버지와 어머니이신 마리아가 꼭 필요하다. 그러므로 하느님의 참다운 모든 자녀들은 하느님을 아버지로, 마리아를 어머니로 모신다. 그리고 마리아를 어머니로 모시지 않는 사람은 하느님을 아버지로 모시지 못한다. 그래서 마리아를 미워하고 경멸과 무관심으로 대하는 그 모든 사람들은 마리아를 어머니로 모시지 않기 때문에 비록 하느님을 아버지로 흠숭한다고 할지라도 진실로 하느님을 아버지로 모시지 못하는 사람들이다. 왜냐하면 만일 마리아를 어머니로 모시고 있다면 착한 아들이 자기를 낳아준 어머니를 사랑하고 공경하듯이 반드시 마리아를 사랑하고 공경해야 할 것이기 때문이다.

참된 그리스도인들과 이단자를, 또 빛의 자녀들과 어둠의 자녀를 구분하는 가장 확실한 표지는 마리아에 대한 자세와 태도이다.

이단자나 어둠의 자녀들은 마리아를 경멸하고 냉대하며, 자신들의 말과 행실로나 직접적이거나 간접적인 어떤 그럴듯한 구실로 마리아 공경과 마리아에의 사랑을 감소시키려고 애를 쓰기 때문이다. 참으로 불쌍한 사람들이다! 하느님 아버지께서는 에사우의 자녀, 즉 악마의 후손들 가운데에 거처를 정하라고 마리아에게 말하지 않으셨기 때문이다.

31. 성자께서는 사랑하올 어머니를 통하여 날마다 당신의 지체들 안에 강생하기를, 즉 당신이 형성되기를 원하시며 예수께서는 "이스라엘에서 유산을 받으십시오"(집회 24, 8) 하고 마리아에게 말씀하신다. 이는 마치 이렇게 말씀하신 것과 같다. "아버지이신 하느님께서 세상의 선인과 악인, 하느님의 자녀와 세속의 자녀, 즉 모든 사람들, 모든 나라를 저에게 유산으로 주셨으니, 저는 어떤 사람들은 황금의 지팡이로 또 어떤 사람들은 쇠지팡이로 다스릴 것입니다. 착한 사람들에게는 아버지와 변호자가 되고, 악한 사람들에게는 정의의 복수자가 되며, 만백성에게 심판자가 될 것입니다. 그러나 사랑하올 어머니께서는 이스라엘로 상징되는 선택된 사람들만을 유산으로 가지시며 그들의 어진 어머니로서 그들을 낳고 양육하고 성장시키며, 그들의 여왕으로서 그들을 인도하고 다스리고 또 보호하십시오."

32. "모두가 그에게서 나리라"(시편 87, 5 참조) 하고 성령께서 말씀하신다. 교부들의 설명에 의하면 마리아에게서 태어난 최초의 사람은 하느님이시며 사람이신 예수 그리스도이시고, 그다음으로 태어난 사람은 하느님과 마리아의 양자가 된 깨끗한 사람들이다. 신비체의 머리이신 예수 그리스도께서 마리아에게서 태어났다면, 그분의 지체들도 마땅히 마리아에게서 태어나야 할 것이다. 어머니가 지체가 없는 머리만을 세상에 낳을 수 없듯이 머리 없는 지체

만을 낳을 수도 없는 것이다. 그런 것이 태어났다면 이는 기형아임에 틀림없다. 이와 같이 은총의 질서에 있어서도 머리와 지체는 마땅히 한 분이신 같은 어머니에게서 태어나야 한다. 만일 예수 그리스도의 신비체의 어느 지체가 그 머리이신 그리스도를 낳은 어머니이신 마리아가 아닌 다른 어머니에게서 태어났다면, 이는 예수 그리스도의 지체가 될 수 없으며 선택된 자가 되지 못하고 은총의 세계에 있어서 단순히 기형아에 불과할 것이다.

33. 예나 지금이나 하늘과 땅이 날마다 끊임없이 수천 수만 번씩 "태중의 아들 예수님 또한 복되시나이다" 하고 찬미하는 것과 같이 예수께서는 마리아의 아들이시다. 그러므로 예수님을 자신의 마음 안에 모시고 있는 사람들뿐 아니라 온 인류 모두에게도 예수 그리스도는 마리아의 아들이며 마리아의 업적인 것이다. 그래서 예수님을 자신의 마음 안에 형성하여 살아가는 그리스도인은 "마리아님, 당신께 진심으로 감사하나이다. 제가 모시고 있는 분은 당신이 낳으신 아드님이며 당신의 업적이나이다. 당신이 아니시면 제가 그분을 어떻게 모시겠나이까?" 하고 과감하게 말할 수 있다. 일찍이 사도 바오로가 "나의 자녀인 여러분, 여러분 속에 그리스도가 형성될 때까지 나는 또다시 해산의 고통을 겪어야겠습니다"(갈라 4, 19) 하고 말했으나 이제 우리는 마리아의 다음과 같은 말을 들어야 할 것이다. "내 아들 예수 그리스도가 하느님의 자녀들 안에 성숙한 인간으로 형성되기까지 나는 날마다 산고에 신음하고 그들을 낳는다."
아우구스티노 성인은, "구원받도록 선택된 모든 사람들이 하느님의 아들 예수 그리스도의 모습을 닮기 위해서는 이 세상에서 가장 거룩한 동정녀의 태중에 숨어 있으면서 가장 완전한 탄생인 의인들의 죽음과 같은 그런 죽음 이후에 영원한 영광으로 태어날 때까지 이 어진 어머니에 의해 보호되고 양육되어야 한다"고 말한다. 아,

이 놀라운 은총의 신비, 세속의 사람들은 전혀 알지 못하고 구원받도록 선택된 하느님의 자녀들에게도 거의 알려지지 않은 신비여!

34. 성령께서는 마리아 안에서, 마리아를 통하여 당신의 자녀들을 만들고자 하셨으므로 마리아에게 이렇게 말씀하신다. "나의 사랑하는 정배여! 그대의 모든 덕의 뿌리를 나의 선택된 자들에게 내려 그들로 하여금 덕에서 덕으로, 은총에서 은총으로 성장케 하라. 나는 그대가 세상에 살아있는 동안 뛰어난 덕을 실천하는 것을 보고 기쁜 나머지, 천국에 머물러 있으면서 또한 세상에 계속해서 사는 것을 보고 싶다. 그러므로 나의 선택된 자들 속에 오래 계속하여 살기를 바란다. 그대의 확고한 신앙과 깊은 겸손, 완전한 절제와 뛰어난 기도, 하느님께 대한 불타는 사랑과 흔들리지 않는 망덕, 그리고 다른 모든 덕의 뿌리를 나는 그들 속에서도 찾아보고 싶다. 그대는 항상 나의 충실하고 순결하며 열절한 정배이로다. 그대의 신앙이 나에게 믿는 자를, 그대의 정결이 나에게 동정녀를, 그리고 그대의 출산 능력이 나에게 선택된 자들과 성전聖殿들을 낳아주기 바란다."

35. 마리아께서 한 영혼 속에 뿌리를 내릴 때, 마리아만이 하실 수 있는 은총의 기적들이 그 속에서 일어난다. 그것은 마리아께서는 다른 어디서도 찾아볼 수 없는 순결과 출산 능력을 지니고 있는 영광스러운 동정녀이시기 때문이다.
   마리아께서는 성령과 더불어 하느님이시며 사람이신 예수 그리스도를 낳았으며, 그리고 세상 끝날에 가장 위대한 성인들을 낳으실 것이다. 세상 끝날에 나타나게 될 위대한 성인들을 출산하고 교육하는 일은 마리아의 몫이다. 왜냐하면 성령과 함께 놀랍고 뛰어난 것들을 생산할 수 있는 분은 유일하고 오묘하신 동정 마리아 한 분뿐이기 때문이다.

36. 신랑이신 성령께서는 당신의 마리아를 어느 한 영혼 안에서 발견하면, 당신도 그 영혼 안에 들어가 그 영혼이 마리아에게 자리를 양보한 그만큼 그 영혼에게 당신의 풍성함을 나누어주신다. 그런데 오늘날에 와서는 성령께서 영혼들 안에서 놀라운 기적들을 많이 행하시지 않음은, 당신의 충실하고 떨어질 수 없는 정배이신 마리아와 긴밀히 일치하는 영혼들이 드물기 때문이다. 내가 여기서 마리아를 성령의 떨어질 수 없는 정배라고 한 것은, 성부와 성자 사이의 본질적 사랑인 성령께서 하느님의 자녀들의 머리이신 예수 그리스도를 낳고 선택된 사람들 안에 예수 그리스도를 낳기 위하여 마리아를 당신의 정배로 삼으신 뒤로 마리아는 항상 충실하고 풍부한 출산력을 가졌기 때문이다.

Ⅰ. 마리아는 모든 이들의 마음의 여왕이시다

37. 지금까지 말한 것으로부터 우리는 다음과 같이 명백히 결론지을 수 있다.

첫째, 마리아는 하느님의 자녀들의 영혼을 다스리는 권리를 하느님으로부터 받으셨다는 것이다. 만일 그렇지 않으셨다면, 영혼들 안에 당신의 거처를 정하지 못할 것이며, 그 영혼들의 어머니로서 그들을 형성하고 양육하지도 못할 것이고, 어머니로서 그들을 영원한 생명으로 인도하지 못할 것이다. 마리아는 그들을 유산으로 받아 예수 그리스도 안에, 그리고 예수 그리스도를 그들 안에 형성시키지도 못할 것이다. 또 마리아께서 당신의 덕의 뿌리를 그들의 마음속에 내릴 수 없을 것이며, 은총의 모든 역사에 있어서 성령의 불가분의 협력자도 되지 못했을 것이다. 즉 하느님께서 특별한 은총으로 그 영혼들을 다스리는 권리와 지배권을 마리아에게 주시지 않았더라면, 그 모든 것을 행할 수 없을 것이다. 이처럼 하느님께서는 당신의 독생성자이며 당신과 똑같은 천주성을 지닌 아들 예수께 대한 권리를 마리아에게 주셨듯이, 당신의 양자들에 대해서도 육신에 관련된 것뿐 아니라 그 영혼에 대한 지배권도 마리아에게 주셨다.

38. 예수께서 하느님으로서 또 구세주로서 하늘과 땅의 왕이듯이, 마리아는 은총에 의해서 하늘과 땅의 여왕이시다. "하느님 나라는 바로 너희 가운데 있다"(루카 17, 21)고 한 것처럼, 예수 그리스도의 왕국은 사람들의 마음과 영혼 안에 있는 것과 같이 마리아의 왕국도 사람들 안에, 즉 인간의 영혼 안에 있다. 마리아께서 아들 예수와 더불어 이렇게 영혼들 안에 있는 것이, 눈에 보이는 모든 조물 안에 있는 것보다 더 큰 영광이 되시므로 우리는 성인들과 같이 마리아를 "마음의 여왕"이라고 부른다.

II. 마리아는 우리 인류에게 꼭 필요하다

39. 둘째, 마리아가 하느님께 꼭 필요한 것은 아니었지만 그분의 특별한 뜻에 따라서 마리아는 하느님께 필요하게 되었다. 이렇게 하느님께 있어서도 마리아가 필요했다면, 더구나 최종 목적에 도달하기 위해서 인간에게 마리아가 필요한 것은 두말할 필요도 없다. 그러므로 마리아께 대한 신심은 다른 성인들에 대한 신심과는 달리 결코 우리 뜻에만 맡길 수 없는 훨씬 필수적인 것이다.

1. 마리아 신심은 인류의 구원에 필수적이다

40. 학덕을 겸비한 예수회의 수아레즈와 루뱅의 신학자 쥐스트립스와 다른 많은 교부들, 특히 성 아우구스티노, 에뎃사의 부제

성 에프렘, 예루살렘의 성 치릴로, 콘스탄티노플의 성 젤마노, 다
마스쿠스의 성 요한, 성 안셀모, 성 베르나르도, 성 베르나르디노,
성 토마스 아퀴나스, 성 보나벤투라와 같은 성인들의 가르침에서
마리아 공경은 인간의 구원에 반드시 필요하다는 것이 증명되고 있
다. 그리고 몇몇 이단자들까지도, 복되신 동정 마리아에 대한 공경
과 사랑을 가지지 않는다면 이는 심판받을 확실한 징조이며, 반대
로 마리아께 대한 진실하고 완전한 사랑과 신심은 구원받는 확실
한 표지가 된다고 단언했다.

41. 신·구약 성경의 상징들과 말씀들이 이를 증명하고, 성인
들의 말과 모범이 이를 인정하고 강조하였으며, 또한 인간의 이성
과 경험이 이를 가르치고 입증해주고 있다. 더구나 마귀나 악인들
까지도 진리의 힘에 눌려 이것을 인정할 수밖에 없었다. 이를 증명
하기 위해 내가 수집해둔 교부들과 학자들의 많은 문헌 가운데서
다마스쿠스의 성 요한의 다음과 같은 말은 이 사실을 잘 증명하고
있다. "오, 거룩한 동정녀시여, 당신께 대한 사랑과 신심은 하느님
께서 구원하고자 하시는 사람들에게 주시는 구원의 무기입니다."

42. 이 사실을 증명하기 위해 몇 가지 이야기를 인용할 수 있
을 것이다. 그중에서도 이것은 아시시의 프란치스코 성인의 전기
에 있는 사실로서, 어느 날 성인은 탈혼 중에 하늘에 닿은 높은 사
다리를 보았다. 그 사다리의 꼭대기에는 마리아가 서 계셨는데 이
는 마리아를 통하지 않고는 천국에 들어갈 수 없다는 것을 의미하
고 있었다.
또 한 가지는 도미니코 성인의 전기에 있는 것으로서, 도미니코
성인이 묵주기도를 권장하던 카르캇손 근처의 이단자의 영혼에 붙
어 있던 만 오천 마리의 마귀들이 마리아의 명령에 못 이겨 마리아

께 대한 신심에 관한 중요하고 위로가 되는 여러 가지 진리를 얼마나 힘차고 분명하게 인정했었는지, 마리아께 대한 신심에 마귀들이 마지못해 보내는 찬사는 성모 신심이 강한 사람이 아니더라도 기쁨의 눈물 없이는 읽을 수가 없을 지경이었다.

2. 마리아 신심은 완덕에 나아가기 위해서 더욱 필요하다

43. 마리아께 대한 신심이 영원한 구원을 얻는데 있어 모든 사람에게 필요하다면, 더 높은 완덕으로 나아가고자 하는 사람에게 두말할 필요도 없다. 누구든지 마리아와 친밀히 일치하고 마리아의 도움에 의지하지 않으면, 예수 그리스도와의 긴밀한 일치와 성령께 대한 완전한 순응은 불가능하다고 생각한다.

44. 다른 어떠한 피조물의 중개나 도움에도 의지하지 않고 하느님으로부터 직접 은총을 입으신 분은 마리아 단 한 분뿐이시다. 그 후로 예나 지금이나 또 앞으로 하느님의 은총을 받으려는 사람은 누구나 마리아를 통하지 않으면 안 된다. 마리아께서는 가브리엘 대천사의 인사를 받았을 때 이미 은총을 가득히 입고 계셨고, 또 성령께서 마리아를 신비롭게 감싸셨을 때에도 마리아께서는 은총으로 충만하셨다. 또 마리아의 이 은총은 시시각각으로 나날이 증가하여, 이 한없이 큰 은총은 우리로서는 감히 상상도 못할 정도이다. 그러므로 하느님께서는 마리아를 당신 보고寶庫의 관리자 및 은총의 유일한 분배자로 삼으셔서 마리아가 원하는 사람을 고귀하게 하고 들어 높여 풍성한 은혜로 채워주시고, 마리아가 원하는 사람을 천국에 이르는 좁은 문으로 이끄시며, 또 어떠한 일이 있더라도 마리아가 원하는 사람은 생명의 좁은 길로 들어가게 하시고, 마리아가 원하는 사람에게 왕좌와 왕홀과 왕관을 나누어주도록 하셨

다. 예수 그리스도께서는 언제 어디서나 마리아의 열매이고 아들이시며, 마리아는 언제 어디서나 생명의 열매를 맺는 나무이시고 예수님을 낳으시는 참된 어머니이시다.

45. 하느님께서는 오직 마리아에게만 당신 사랑의 보고에 들어가는 열쇠를 주셨고, 오직 마리아에게만 가장 숭고하고 신비스런 완덕의 길로 들어가고 다른 사람들도 그 길로 들어가게 하는 권한을 주셨다. 그리고 낙원에서 추방당한 아담과 하와의 자손들을 다시 낙원으로 불러들여 거기서 하느님과 함께 지내며, 적의 공격을 받지 않고 죽음을 두려워할 염려 없이 생명의 나무 열매와 선악을 분별하는 나무 열매를 먹을 수 있게 하고, 하늘 나라의 샘에서 솟아나는 샘물을 마시게 할 수 있는 분도 마리아 한 분뿐이시다. 아니, 마리아 자신이 바로 죄인인 아담과 하와가 쫓겨난 그 낙원의 땅인 에덴 동산이시므로, 마리아는 성인이 되기를 원하는 사람들만을 당신(낙원) 안으로 들어오게 하신다.

46. 성 베르나르도는 성령의 감도에 따라 이렇게 말했다. "하느님의 백성 가운데 가장 부유한 이들은 세세대대로, 특히 세상 끝날 때에 마리아의 얼굴에 대고 애원할 것이다. 그때 가장 위대한 성인들과 은총과 덕행이 가장 충만한 영혼들은 마리아에게 끈기 있게 간청하며, 자신들이 본받을 완전한 모범으로서 그리고 도움을 받을 수 있는 가장 힘 있는 협조자로서 마리아를 늘 곁에 모시기를 간절히 바랄 것이다."

3. 마리아는 종말에 나타날 위대한 성인들에게 더욱 필요하다

47. 나는 이 일들이 특히 세상 끝날에 있을 일이라고 말했다. 그

러나 어떤 일은 머지않아 일어날 것이다. 왜냐하면 이것은 드랑띠 신부가 쓴 전기에서 어느 한 영혼에게 이미 계시된 것처럼, 하느님 께서 마리아와 더불어 작은 관목들을 능가하는 레바논의 삼목처럼 성덕에 있어서 대부분의 다른 성인들을 훨씬 능가할 큰 성인들을 키우실 것이기 때문이다.

48. 은총과 열성으로 가득 찬 이 위대한 영혼들은 사방에서 미 쳐 날뛰는 하느님의 적들을 대항하기 위해 선택된 이들이다. 이들 은 특히 마리아께 대한 깊은 신심으로 마리아께 봉헌되어 마리아 의 빛을 받고 그분의 자양분으로 키워지고, 그분의 정신으로 인도 되며, 그분의 팔로 부축되어 그분의 보호를 받고 있는 사람들이다. 그들은 한 손으로는 싸우고, 다른 한 손으로는 건설할 것이다. 그 들은 한 손으로는 이단자들과 이단들, 이교도들과 분열을 일으키 는 이교론, 우상 숭배자와 그들의 우상론을, 죄인들과 그들의 불경 건한 행동을 으스러뜨리고 없애버릴 것이며, 다른 한 손으로는 참 된 솔로몬의 성전과 신비스러운 하느님의 도시를 건설할 것이다. 그것은 마리아의 왕국을 말하는 것이다. 교부들은 마리아를 "솔로 몬의 성전" 또는 "하느님의 도시"라고 부르고 있다. 성인들은 말 과 표양으로 세상 모든 사람들을 마리아께 대한 참된 신심으로 인 도할 것이다. 그로 말미암아 이들에게는 많은 원수들이 대항하여 몰려올 것이지만, 한편 하느님만을 위한 많은 승리와 영광도 얻게 될 것이다. 그것은 하느님께서 빈첸시오 페리에 성인(1350-1419)에 게 계시하신 것으로, 성인은 그 사실을 자신의 저서에서 세밀히 기 록하였다.

이것은 시편 59장에서 성령에 의해 이미 예언된 것이다. "그리하 여 야곱의 후손을 다스리는 이가 하느님이심을 땅 끝까지 온 세상 에 알리소서. 해만 지면 돌아와서 개처럼 짖어대며 성 안을 여기저기 쏘다닙니다"(시편 59, 13-14). 세상 끝날에 사람들은 자신들을 회개시키고 정의에 주린 이들을 채워줄 도시를 발견할 것인데, 그 도시는 다름 아닌 성령에 의해 "하느님의 도시"라고 불리는 지극히 거룩한 동정녀이시다.

제3절
세말에 드러날 마리아의 섭리적인 역할

49. 인류 구원은 마리아를 통하여 시작되었고, 또 마리아를 통하여 완성되어야 함에 틀림없다. 예수 그리스도께서 세상에 태어나셨을 때 마리아는 거의 알려지지 않았다. 그것은 성자 예수 그리스도께서 하느님이시라는 것을 제대로 알아듣지 못하는 인류가 마리아에게 너무 지나치게, 너무 강하게, 또 너무 분별없이 집착하여 진리에서 멀어지는 것을 하느님께서 염려하셨기 때문이다. 그 당시 사람들이 벌써 마리아를 알고 있었더라면, 지존하신 분께서 친히 부여하신 마리아의 아름다움에 현혹되어 지나치게 집착할 우려가 많았다. 사실 아레오파고의 재판관인 디오니시오는 마리아를 처음 보았을 때 그 신비스러운 매력과 비할 데 없는 아름다움에 현혹되어, 자신의 참된 길을 신앙이 깨우쳐주지 않았더라면 마리아를 한 여신으로 생각했을지도 모른다고 기록하고 있다. 그러나 예수 그리스도의 재림 시에는 마리아도 정배인 성령에 의하여 명백히 드러날 것은 틀림없다. 그리스도의 재림 시에는 이제 성령께서도 당신의 정배이신 마리아를 복음 전파가 시작된 뒤로 지금까지처럼 별로 드러나지 않게 하실 필요가 더 이상 없게 된다. 그것은 성령에 의해 마리아가 알려지게 됨으로써 마리아를 통하여 예수 그리스도께서도 모든 사람에게 알려지고, 또 모든 사람들은 마리아를 통하여 그분을 섬기고 사랑하게 해야 하기 때문이다.

Ⅰ. 재림을 위한 마리아의 역할과 이유들

50. 그러므로 하느님께서는 세상 마지막 시기에 당신이 창조한 조물 중에 걸작품인 마리아를 만민 앞에 드러내 보이기를 원하신다. 그 이유는 다음과 같다.

1) 마리아는 이 세상에 사는 동안 지극히 겸손하여 숨어 살았으며 자신을 티끌보다도 더 하찮게 여겼고, 하느님과 사도들과 복음 사가들로부터 자신을 드러내지 않도록 허락을 받았기 때문이다.

2) 마리아가 이 세상에서는 하느님 은총의 걸작품이었고, 하늘에서는 그 영광에 의하여 하느님의 걸작품이므로, 하느님께서는 세상에 살아있는 모든 사람들로부터 당신의 이 업적이 찬미와 칭송을 받기를 원하신다.

3) 마리아는 정의의 태양이신 예수 그리스도를 앞서 비추는 샛별이시다. 그러므로 예수 그리스도(태양)께서 더욱 잘 알려지고 보여지기 위해서는 마땅히 마리아(샛별)가 알려지고 보여져야 한다.

4) 마리아는 예수 그리스도께서 처음으로 세상에 내려오신 길이므로, 그분의 재림 시에도 비록 방법은 다르겠지만 역시 마리아를 통하여 오실 것이다.

5) 마리아는 우리가 예수 그리스도를 완전히 발견하는 확실한 방법이며, 안전하고도 빠르며 티없는 길이시다. 그러므로 성덕으로 나아가려는 영혼들이 마리아를 통하지 않고는 그리스도를 찾아내지 못할 것이다. 마리아를 찾아내는 사람은 생명을, 즉 "길이요 진리요 생명이신"(요한 14, 6 참조) 예수 그리스도를 찾게 된다. 그러나 마리아를 찾지 않고서는 생명을 찾아낼 수가 없고, 그분을 알지 못하고는 생명이신 예수 그리스도를 찾을 수가 없다. 왜냐하면 알지 못하는 물건은 찾지도 않고 가지고 싶지도 않기 때문이다. 그러므로 삼위일체이신 하느님께서 더욱더 잘 알려지고 그분께 큰 영

광을 돌리기 위해서는, 마리아가 그 어느 때보다도 더욱 많이 알려져야 한다.

6) 마리아는 세상 마지막 시기에 자비와 권능과 은총에 의하여 더욱 뚜렷이 나타날 것이다. 마리아는 회개하여 교회로 돌아오는 불쌍한 죄인들과 탈선한 사람들을 자비로써 따뜻이 받아들일 것이다. 유혹과 협박으로 사람들을 넘어지게 하고 멸망케 하며 하느님께 반항하는 적들에 대해서 마리아의 위대한 권능이 드러나게 될 것이다. 또한 마리아는 예수 그리스도의 이익을 위하여 싸울 그분의 충실한 종들과 용맹한 병사들의 용기를 북돋우고 부축해주기 위하여 은총으로 분명히 나타나실 것이다.

7) 특히 마지막 시기에 마리아는 악마와 그 앞잡이들에게는 질서정연한 군대처럼 무서운 존재일 것이다. 그때에 영혼을 멸망시킬 시간이 얼마 남지 않은 것을 깨달은 악마들은 날마다 있는 힘을 다하여 사람들을 타락시키기 위해 무시무시한 박해를 가해 올 것이며, 특히 굴복시키기 힘든 마리아의 충실한 종들과 참된 자녀들을 목표 삼아 맹렬한 공격을 가할 것이기 때문이다.

Ⅱ. 마리아 능력의 실재

1. 사탄에 대항한 전투에서의 마리아의 능력

51. 거짓 그리스도의 나라가 세워질 때까지 날로 더욱 극심해질 마귀의 마지막이며 무시무시한 박해는, 하느님께서 낙원에 있던 뱀을 향하여 내리신 최초의 저주와 예언과 관련이 있음을 이해해야 한다. 그리고 마리아의 영광과 마리아의 자녀들의 구원을 위해 또 악마들의 수치를 위해서 여기서 하느님의 그 말씀을 설명하는 것이 적절하다. "나는 너를 여자와 원수가 되게 하리라. 네 후손을

여자의 후손과 원수가 되게 하리라. 너는 그 발꿈치를 물려고 하다
가 도리어 여자의 후손에게 머리를 밟히리라"(창세 3, 15).

52. 하느님께서 단 한 번 맺어준 유일한 원수의 관계는 결코 화
해할 수 없는 것이고 세상 끝날 때까지 계속되고 더욱 치열해질
것이다. 이 원수 관계란 바로 마리아와 악마 사이에, 또 마리아의
자녀들과 그분을 섬기는 자들 그리고 악마의 자식들과 그 추종자
들 사이의 관계를 말한다. 마리아는 하느님께서 악마들에게 맺어
준 가장 무서운 원수이시다. 하느님께서 낙원에서 예언하실 때 마
리아는 하느님의 계획 안에만 있었지만, 그때 이미 마리아에게 하
느님께서는 저주받을 원수에 대한 많은 증오감과 그 "늙은 뱀"(묵
시 12, 9)의 악의를 투시하는 지혜와 그 교만하고 사악한 자를 쓰러
뜨리며 물리쳐 이겨낼 수 있는 너무나 큰 힘을 주셨으므로, 악마
들은 천사나 인간만이 아니라 오히려 어느 면으로는 하느님보다도
마리아를 더욱 무서워한다. 그러나 아무리 크다 해도 한정된 성덕
을 가진 유한한 피조물인 마리아보다 하느님의 분노와 증오와 권
능이 작을 수는 없다. 그런데 악마가 마리아를 무서워하는 이유는
첫째, 악마들은 교만하기에 하느님에 의해서보다는 하느님의 보잘
것없고 비천한 여종 마리아에 의하여 패배당하고 벌받는 것을 더
욱 분히 여기고 마리아의 겸손이 하느님의 능력보다도 그에게 더
큰 수치를 주기 때문이고, 둘째는, 하느님께서는 마리아에게 악마
들을 쳐이기는 크나큰 능력을 주셨기 때문이다. 그래서 악마들이
마귀들린 사람들의 입을 통하여 가끔 본의 아닌 진실을 고백하는
것을 볼 수 있는데, 악마들에게 있어서는 한 영혼을 위하여 바치는
모든 성인들의 기도보다 마리아의 입에서 나오는 한숨 한 번이 더
욱 무섭고, 어떠한 고통보다도 그들에 대한 마리아의 위협이 더욱
무섭다는 것이다.

53. 루치펠이 교만으로 잃었던 것을 마리아는 겸손으로 회복하였고, 하와가 하느님께 대한 불순명으로 지옥에 떨어뜨리고 잃어버린 것을 마리아는 순명으로써 구원하셨다. 하와는 뱀의 말을 들어 자신과 더불어 자기의 모든 자식들까지도 멸망에 빠지게 하고 악마의 손에 넘겨주었으나, 마리아는 하느님께 완전히 순명하심으로써 자신과 더불어 모든 자녀들과 종들을 구원하고 하느님께 그들을 봉헌하심으로써 하느님께 영광을 드렸다.

54. 하느님께서는 마리아와 악마 사이에뿐 아니라, 마리아의 자녀들과 악마의 자식들 사이에도 원수 관계를 맺어주셨다. 즉 하느님께서는 마리아를 섬기는 자녀들을 한 편으로, 마귀의 자식들과 종들을 다른 편으로 하여 이들 사이에 원수 관계를 맺어주셔서 적대심과 반감과 은밀한 증오심을 심어주셨다. 그들은 서로 내적인 교감이 없고 서로 사랑할 수 없다. 베엘제불의 자식들과 사탄의 노예들과 세상의 아들들(이상은 모두 같은 것이기에)은 항상 마리아에게 속한 자들을 박해하였고, 또 그들의 박해는 옛날에 카인이 아우 아벨을, 에사우가 아우 야곱을 미워한 것과 같으며 앞으로 더욱 심해질 것이다. 그러나 겸손하신 여종 마리아는 언제나 교만한 사탄을 눌러 놀라운 승리를 거둘 것이며, 그리하여 교만의 본거지인 원수의 머리를 으스러뜨리고 마귀들의 함정을 알아내며, 그들의 협박을 예방하고 그들의 악랄한 조언들을 흩트릴 것이고, 세상 끝날 때까지 당신의 충실한 사도들을 원수의 잔혹한 발갈퀴에서 보호하실 것이다.

그러나 모든 악마들에 대한 마리아의 능력은 특히, 악마들이 마리아의 발꿈치를 물려는 세상의 끝날에 마리아께서 악마들을 대항하여 싸우기 위해 당신의 보잘것없는 종들과 미소한 자녀들을 불러일으키시면서 모든 악마들의 힘을 초월하여 분명히 나타날 것이다. 그러기까지 마리아의 종들은 세상 사람들이 볼 때 너무나 비천하고 초라하여, 다른 지체에 비해 발꿈치가 그런 것처럼, 모든 사람으로부터 천대당하고 경멸당하며 짓밟히고 박해를 받을 것이다. 그러나 그들은 마리아가 그들에게 나누어주는 하느님의 은총으로 넘칠 것이며, 하느님 앞에서 마리아의 종들은 성덕에 있어 훌륭하고 고결하며, 불타는 열성으로 모든 사람들보다 뛰어날 것이다. 그리고 하느님의 특별한 도움을 얻어 발꿈치와 같은 겸손과 마리아와의 일치로 악마의 머리를 으스러뜨리고, 예수 그리스도로 하여금 승리로 이끌어가시게 할 것이다.

2. 세말에 사도들을 형성함에 있어서의 마리아의 능력

55. 끝으로, 하느님께서는 지금, 예전의 그 어느 때보다도 당신의 어머니 마리아가 더욱 알려지고, 사랑받고, 공경받기를 원하신다. 하느님의 자녀들, 즉 구원받도록 선택된 이들이, 내가 말하고자 하는 마리아에 대한 완전한 내적 봉헌을 성령의 은총과 빛으로 실천한다면 이 일은 반드시 성취될 것이다. 그때 비로소 그들은 그들의 믿음을 지니고 있는 한, 마리아라는 바다의 별을 분명히 보게 될 것이고, 이 별의 인도에 따라 풍랑이 일고 무서운 해적들이 습격해와도 무사히 항구에 도달하게 될 것이다. 또한 그들은 이 여왕의 위대함을 알고 종 또는 사랑의 노예로서 사랑을 다해 그분을 섬기는 데에 완전히 자기 자신을 바칠 것이다. 그들은 마리아의 어머니다운 부드러움과 인자함을 느끼고 사랑받는 자녀들처럼 순수한 마음으로 마리아를 더욱 사랑하게 될 것이다. 그들은 또한 마리아의 도움이 얼마나 필요한지를 깨닫고 마리아의 충만한 자애를 느끼게 되어, 모든 일에 있어서 예수 그리스도의 중개자이며 사랑의 변호자로서의 마리아에게 의탁하게 될 것이다. 또한 그들은 마리

아가 예수 그리스도께로 나아가는 데 있어 가장 쉽고도 완전하며 가장 가깝고도 확실한 길임을 깨닫게 됨으로써, 완전히 예수 그리스도의 것이 되기 위하여 몸과 마음을 온전히 마리아에게 봉헌하게 될 것이다.

56. 그러면 마리아의 자녀, 마리아의 봉사자, 마리아의 노예는 어떤 사람들이겠는가? 그들은 하느님의 종들로서 활활 타는 불꽃처럼 하느님에 대한 사랑의 불을 곳곳마다 점화시키는 사람들이며, 마리아의 원수를 쏘아 관통시키기 위하여 능숙한 마리아의 손에 쥐어진 날카로운 화살이다(시편 127, 4 참조). 또 그들은 크나큰 시련의 불로써 깨끗하게 정화되고 하느님과 완전히 일치하여 하나가 된(1코린 6, 17 참조) 레위의 자손들로서, 마음속에 사랑의 황금을 가지고 정신에는 기도의 유향을 지니고 몸에는 고행의 몰약을 지니고 있어, 가난하고 비천한 사람들에게는 어디서나 예수 그리스도의 고귀한 향기가 되지만, 반면에 세상의 부유하고 권력 있고 교만한 사람들에게는 죽음의 악취를 풍기게 될 것이다.

57. 마리아의 사도들은 성령의 아주 작은 입김에도 천둥 치며 대기를 흐르는 구름이 되어, 아무것에도 집착하지 않고 놀라지 않으며 걱정하지 않으면서 하느님의 말씀과 영원한 생명의 비를 내릴 것이다. 그들은 죄악에 대해서는 벼락을 치고, 세속의 것에 대해서는 폭풍이 되며, 악마와 그 후계자들에게는 번개를 쳐서 내칠 것이다. 그리고 그들은 하느님께서 주신 말씀의 쌍날칼을 손에 쥐고(에페 6, 17-40 참조) 모든 사람들을 꿰뚫어 살리거나 죽이거나 할 것이다.

58. 그들은 놀라운 일들을 행하고, 적으로부터 전리품을 빼앗아

오기 위하여 만군의 주님이신 하느님으로부터 말씀과 힘을 받을 세
말의 참된 사도들이다. 그들은 세상의 근심 걱정은 전혀 없이 다른
성직자들과 신학생들 사이에서 편히 쉴 수 있으며, 오직 하느님의
영광과 영혼들의 구원을 위하여 비둘기의 은빛 찬란한 날개를 가
지고(시편 68, 13 참조) 성령께서 인도하시는 곳으로 날아간다. 그리
고 그들이 전도한 곳에는 모든 율법의 완성인 사랑의 황금만이 남
아있을 것이다(로마 13, 10 참조).

59. 한마디로 말해서 마리아의 자녀들은 예수님의 청빈, 겸손,
세상을 업신여김과 사랑의 발자취를 따르는 참된 제자들이다. 그
들은 세상의 가르침을 따르지 않고 어떠한 일에도 겁내지 않으며,
어떠한 사람들에게도 사랑의 차별을 두지 않고 오직 복음의 말씀만
을 믿고 하늘 나라의 좁은 길을 걸어간다. 권력을 가진 어떤 사람의
유혹도 이들을 유인하지 못할 것이며, 그들의 불의를 용납하지 않
고 두려워하지 않으며, 그에게 귀를 기울이지 않을 것이다. 하느님
말씀의 쌍날칼을 가지고 어깨에는 피로 물든 십자가 깃발을 메고,
오른손에는 십자고상을, 왼손에는 묵주를 들고, 또 가슴에는 예수
님과 마리아의 거룩한 이름을 새겨, 그들의 모든 행동에서 예수님
의 청빈과 고행을 드러내며 그것을 실천해나간다. 이들은 바로 장
차 올 위대한 사람들이다. 이들은 마리아가 아직 하느님을 믿지 않
는 자들과 하느님을 부정하고 거역하는 자들, 우상 숭배자들과 회
교도들을 회개시켜서 주님의 나라를 확장시키기 위해 하느님의 명
령에 따라 불러일으킬 사람들이다. 그러나 이런 일이 언제 어떻게
이루어질지는 오직 하느님만이 알고 계신다. 우리는 다만 침묵 중
에 잠자코 기다리면서 "야훼께 바라고 바랐더니"(시편 40, 1)라는 시
편의 말씀처럼 탄식하고 기도할 뿐이다.

제 2 장
마리아께 대한 신심의 기본 진리

60. 지금까지 마리아께 대한 신심의 필요성을 말해왔으므로 이 제는 이 신심이 참으로 무엇이며 어떤 것인지 그 본질과 특성을 이 야기하고자 한다. 나는 하느님의 도우심으로, 이 신심의 확고하고 중요한 근본적인 진리 몇 가지를 다음과 같이 밝히려 한다. 이것은 실질적인 신심을 낳을 것이다.

첫째 진리: 마리아 신심의 궁극 목적은 예수 그리스도이시다

61. 참하느님이시며 참사람이신 구세주 예수 그리스도께서는 우리들의 모든 신심의 궁극 목적임에 틀림없다. 그렇지 않으면 그 모든 신심은 거짓이며 사람들을 잘못 이끄는 것이다. 예수 그리스 도는 모든 것의 시작이요 마침이시며 알파요 오메가이시다(묵시 1, 8). 바오로 사도의 말씀과 같이 무슨 일을 하든지 예수 그리스도께 영광을 드리기 위해서 해야 한다. 그것은 예수 그리스도 안에서만 이 천주성의 모든 충만함과 은총과 성덕과 완전성의 충만함이 있 기 때문이다. 우리는 오로지 예수 그리스도 안에서만 모든 영적인 축복을 받았고, 예수 그리스도만이 우리가 가르침 받아야 할 유일 한 스승이시며, 의지해야 할 유일한 주님이시며, 일치해야 할 유일 한 머리이시며, 우리가 따라야 할 유일한 모범이시며, 우리의 질병 을 치유해주실 유일한 의사이시다. 우리들을 먹여 길러주실 유일 한 목자이시며, 길 잃은 우리들을 인도해야 할 유일한 길이시며, 그릇되기 쉬운 우리들이 믿어야 할 유일한 진리이시고, 또 우리에 게 생명을 주실 우리의 유일한 생명이시다. 예수 그리스도만이 우

리에게 필요한 모든 것의 모든 것이다.

하늘 아래에 예수님 이름 이외에 다른 어떠한 이름도 우리를 구원할 수 없다. 하느님께서 우리의 구원과 완덕과 영원한 영광의 토대로서 우리에게 주신 것은 예수 그리스도뿐이시다. 그러므로 예수 그리스도라는 초석 위에 세워지지 않은 건물은 마치 모래 위에 세워진 것처럼 조만간에 틀림없이 무너지고 말 것이다. 포도나무 줄기에 붙은 포도 가지와 마찬가지로, 예수 그리스도께 결합되어 있지 않은 모든 신자들은 누구나 다 땅에 떨어져 말라버리게 되어 마침내 불에 던져지고 말 것이다. 만일 우리가 예수 그리스도 안에 살고 또한 예수 그리스도께서 우리 안에 계신다면, 우리는 어떠한 저주나 영벌도 두려워할 필요가 없다. 하늘의 천사들도, 지상의 사람들도, 또한 지옥의 악마들과 그 외에 어떠한 것들도 우리를 예수 그리스도 안에 있는 하느님의 사랑에서 떼어놓을 수 없기 때문이다. 그리스도를 통하여, 그리스도와 함께, 그리스도 안에서 우리가 바라는 것은 무엇이든지 모두 이룰 수 있다. 우리는 성령과 더불어 성부께 온갖 영광과 영예를 드릴 수 있고, 자신의 완성으로 우리의 이웃에게 영원한 생명의 향기가 될 수 있다.

62. 그러므로 우리가 마리아께 대한 참된 신심을 확립하는 것은 예수 그리스도께 대한 신심을 더욱 완전하게 확립하기 위해서이며, 이것은 바로 예수 그리스도께로 나아가는 확실한 방법을 얻기 위해서일 뿐이다. 만일 마리아께 대한 신심이 오히려 우리를 예수 그리스도로부터 떼어놓게 된다면, 그것은 곧 마귀의 술책으로 알고 물리쳐야 할 것이다. 그러나 앞서 말했고 또 앞으로 자세히 말하겠지만 그러한 일은 절대로 있을 수 없다. 그렇기 때문에 예수 그리스도를 찾아내고, 그분을 진정으로 사랑하고, 또 그분을 충실하게 섬기기 위해서는 반드시 마리아께 대한 신심이 필요한 것이다.

63. 오, 사랑하올 예수님, 지금 여기서 저는 당신을 우러러보며 대부분의 그리스도인들, 아니, 가장 유식하다는 자들까지도 당신과 당신 어머니 마리아 사이에 맺어진 깊은 유대를 알지 못하는 것을 마음으로부터 슬퍼합니다. 오, 주님, 당신은 항상 마리아와 함께 계시고 마리아도 항상 당신과 같이 있으며, 당신 없이는 마리아는 더 이상 마리아란 존재가 되지 못합니다. 마리아는 자신의 존재로는 살고 있지 않다고 할 정도로 은총에 의해 온전히 당신으로 변화되었습니다.

예수님, 당신은 그 어느 천사나 성인 안에서보다도 마리아 안에서 더욱 완전히 머무시고 다스리시나이다. 아, 만일 사람들이 이 신묘한 마리아 안에서 당신이 받으시는 큰 사랑과 영광을 안다면, 사람들은 당신과 마리아에 대해서 지금까지와는 아주 달리 생각하게 될 것입니다. 오히려 태양이 없는 빛을 생각하고, 불이 없는 열을 느끼는 것이 쉬울 정도로, 당신이 없는 마리아는 상상조차 할 수 없습니다. 그뿐만 아니라, 마리아를 당신으로부터 떼어놓기보다는 모든 천사들과 성인들을 당신으로부터 떼어놓기가 더 쉽습니다. 그것은 다른 모든 피조물들이 당신께 드리는 사랑과 영광을 합한 것보다도 마리아께서는 당신을 더욱 열렬히 사랑하고, 당신께 더욱 완전한 영광을 드리기 때문입니다.

64. 지극히 사랑하올 주님, 세상 사람들이 영적인 눈이 어두워 당신의 거룩한 어머니 마리아에 대해서 너무나 무지하니 이 어찌 놀라울 정도로 딱한 일이 아니겠습니까? 저는 지금 당신을 알지 못하기 때문에 당신의 어머니 마리아를 알려고 하지 않는 우상 숭배자들과 이교인들에 대해서 말씀드리는 것이 아니며, 당신과 당신의 교회에서 갈라져 나가 멀리 떠났기 때문에 당신의 거룩한 어머니 마리아께 대한 신심에 아랑곳하지 않는 이단자와 이교도들에

대해서 말씀드리는 것도 아닙니다. 다만 저는 가톨릭 신자들에 대해서, 그중에서도 다른 사람들에게 진리를 가르치는 것을 자기 본분으로 삼고 있는 가톨릭 지도자들에 대해서 말씀드리고 싶습니다. 당신과 당신의 거룩한 어머니 마리아를 잘 알지 못하는 그들은 마리아에 대해서 차갑고 이론적이며, 무미건조하고 아무런 열매도 맺지 못하고 그분의 거룩한 삶을 본받으려 하지도 않습니다. 이 사람들은 당신의 어머니 마리아를 공경하는 것은 신심의 남용이며 당신을 멀리 떠나버리는 소행이라고들 염려하여, 당신의 어머니 마리아에 대해서 또 마리아께 대한 신심에 대해서 별로 이야기하려 하지 않습니다. 만일 마리아에 대해 깊은 신심을 가진 사람이 진심으로 용기 있게 그리고 확신을 가지고서 마리아께 대한 신심에 대해서 이야기하고, 또 그 신심이 당신을 알고 당신을 더욱 완전히 사랑하기 위한 확실하고 틀림없는 방법이며 위험이 없는 가까운 길이고 결함 없는 깨끗한 길이며, 또한 당신을 완전히 사랑하기 위한 오묘한 신비라고 말하는 것을 그들이 보고 듣게 되면 그들은 곧 소리 높여 반대합니다. 또한 그들은 그 신심가에게 수많은 거짓 근거를 제시하면서, 이 신심은 마땅히 없애버려야 할 커다란 잘못이 있으며 마리아에 대해서 그렇게 많은 것을 이야기해서는 안 된다고 말합니다.

그들은 믿는 사람들이 이미 마리아를 사랑하고 있으므로 마리아께 대한 신심에 열중하기보다는 차라리 당신께 대한 신심만을 강조해야 한다고 말하고 있습니다. 때때로 그들은 마리아께 대한 신심에 대해서 말하기는 하지만, 그 신심을 널리 보급하고 깊이 확신시키기 위해서가 아니라 오히려 지나친 신심이라 하여 물리쳐버리기 위해서입니다. 그들은 마리아에 대한 신심을 가지고 있지 않기 때문에 당신께 대한 신심과 경건함도 갖지 못하고 있습니다. 또 그들은 묵주기도나 스카풀라(성의) 같은 것들은 무식한 사람들이나 여자들의 신심이므로 구원을 위해서는 그것들이 필요치 않다고 주장합니다. 만일 묵주기도나 그 밖에 마리아께 대한 어떤 신심을 가진 사람을 발견하면, 그들은 이내 그의 마음과 정신을 바꾸어버립니다. 그들은 그에게 묵주기도 대신에 통회의 시편 일곱 편을 읽어 기도하고, 마리아께 대한 신심 대신에 예수 그리스도께 대한 신심을 가져보라고 권고할 것입니다.

오! 사랑하올 나의 예수님, 그들이 정녕 당신의 정신을 가지고 있다고 할 수 있겠습니까? 당신 마음을 상하게 해드릴까 봐 당신의 어머니 마리아의 마음에 들지 않으려고 애쓰는 것이 당신을 기쁘게 해드릴 수 있습니까? 마리아께 대한 신심이 오히려 당신께 대한 신심을 방해하는 것이 됩니까? 마리아께서는 오직 자신만을 위해서 명예를 바라고 있는 것입니까? 마리아께서 독자적으로 어떤 집단이라도 만드십니까? 마리아는 당신과 아무런 관계가 없는 분이십니까? 마리아의 마음에 들려고 하는 것이 당신께 불쾌감을 드리는 것입니까? 마리아를 사랑하고 마리아에게 자신을 바치는 것이 당신께 대한 사랑을 소홀히 하고 갈라지게 하며 멀어지게 하는 것이 됩니까?

65. 사랑하올 저의 주님, 저를 지켜주소서! 그들의 정신과 행동에서부터 저를 지켜주시고, 당신이 어머니 마리아에 대해서 품었던 감사와 존경과 경의와 사랑을 저에게도 나누어주시어, 제가 좀더 열심히 당신처럼 당신을 따라 충실히 어머니 마리아를 따르려할수록, 더욱더 당신을 사랑하고 당신에게 더 큰 영광을 드릴 수 있게 해주소서.

66. 그러나 저는 지금까지 당신의 어머니 마리아의 명예에 대해 충분히 이야기하지 못했습니다. 그러나 마리아의 원수들은 역

시 당신의 원수들이 되어 있음에도 불구하고, 마리아를 합당하게 존경하고 찬미할 은총을 내려주시고 '거룩하신 어머니 마리아를 거스르는 자는 하느님의 자비를 기대할 수 없다'고 성인들과 더불어 대담하게 외치도록 허락해주소서.

67. 그리하여 제가 당신의 자비로 당신의 거룩하신 어머니 마리아께 대한 참된 신심을 얻고, 그것을 온 세상에 전파하게 하시며, 당신을 온 마음을 다해 사랑할 수 있도록 도와주소서. 이를 위하여 아우구스티노 성인과 당신을 진실로 사랑하는 다른 모든 이들과 함께 드리는 열렬한 이 기도를 들어주소서.

"당신은 그리스도, 저의 거룩한 아버지, 자비로우신 하느님, 저의 위대한 왕, 착한 목자, 저의 유일한 스승, 가장 좋은 협조자, 지극히 아름답고 사랑스러우신 분, 살아있는 빵, 영원하신 사제, 저를 고향으로 인도하는 인도자, 참된 빛, 거룩한 온유, 곧은 길, 뛰어난 지혜, 티없는 순수함, 평화로운 조화, 저의 완전한 보호자이시며 저의 좋은 몫이고 저의 영원한 구원이십니다.

예수 그리스도, 사랑하올 주님, 왜 저는 제 일생 동안에 주님이신 당신이 아닌 다른 어떤 것을 사랑하고 흠모했던 것입니까? 주님 아닌 다른 것을 마음에 담고 있던 그때 저는 어디에 있었나요? 지금 이 순간부터라도 나의 모든 열망들은 주 예수님께만 향하고 뜨거워져라. 지금까지 너무 지체하였으니 이제는 달려라. 네가 가고자 하는 곳으로 빨리 가고, 네가 찾는 분을 찾아라. 오, 예수님, 당신을 사랑하지 않는 자는 저주받아 마땅하며, 당신을 사랑하지 않는 자는 쓴맛을 보아야 마땅하나이다.

오, 사랑하올 주님, 당신을 찬미하기에 알맞은 모든 착한 마음들이 당신을 사랑하고, 당신 안에서 기쁨을 맛보며, 당신을 흠숭하게 하소서. 제 마음의 하느님이시며 저의 몫이 되신 예수님, 제 마

음이 주님으로 인해 넋을 잃게 하시고 주님께서 제 안에서 저의 생
명이 되어주소서. 제 마음에 당신 사랑의 불이 활활 타오르게 하
시고, 그리하여 완전한 불의 시초가 되게 하소서. 그 불이 제 마음
안에서 끊임없이 타오르게 하시며, 저의 가장 깊숙한 곳에서 그리
고 제 영혼 한가운데서 불꽃으로 타오르게 하소서. 그리고 마침내
저의 마지막 날에 제가 당신과 함께 완전히 타버린 채 발견되게 해
주소서. 아멘."

둘째 진리: 우리는 예수 그리스도와 마리아의 것이다

68. 우리에게 있어 예수 그리스도가 어떤 분이신지에 대해서는
바오로 사도가 말씀하신 것과 같이(1코린 6, 19-20) 우리는 우리 자
신의 것이 아니라 예수 그리스도의 지체로서, 주님의 성혈을 대가
로 치르고 무한히 비싸게 사들여진 그분의 종으로서 전적으로 그
분의 것이다. 세례 받기 전에 우리는 마귀의 종으로서 마귀에게 속
해 있었으나, 세례를 통하여 우리는 예수 그리스도의 참다운 종이
되었다. 그리하여 하느님이시요 사람이신 예수 그리스도를 위하여
열매 맺는 것을 제외하고는, 우리는 그분을 찬미하고 우리 영혼 안
에서 그분만이 우리를 다스리시게 하기 위하여 살고 일하고 죽을
모든 권리를 예수님께서 가지게 되었다. 우리는 그분께서 싸워서
얻은 백성, 즉 그분의 전리품이며 그분의 유산이기 때문에, 우리
의 육신으로는 그분께 영광을 드리고, 영신생활에 있어서는 우리
를 다스리는 주인으로 모셔야 마땅할 것이다. 같은 이유로 성령께
서는 우리를 다음과 같이 비유하신다.
  1) 우리는 '교회'라는 밭에 은총의 강을 따라 심어져 제때에 열매
를 맺어야 하는 나무이다(시편 1, 3 참조).
  2) 우리는 예수 그리스도라는 포도나무 줄기에 달려, 좋은 포도송

이를 맺어야 하는 가지이다(요한 15, 2 참조).

3) 우리는 예수 그리스도라는 목자에 의해서 번식되고 젖을 내어야 하는 양 떼들이다(요한 10, 11 참조).

4) 우리는 하느님께서 그 농부이신 땅에 경작되어 30배, 60배, 혹은 100배의 열매를 맺어야 하는 좋은 땅이다(마태 13, 8 참조).

예수 그리스도께서는 열매 맺지 않는 무화과나무를 저주하셨고(마태 21, 19 참조), 자기가 받은 달란트를 불리지 않은 게으른 종을 벌하셨다(마태 25, 24-30 참조). 이러한 모든 비유 말씀은 예수 그리스도께서 보잘것없는 우리 인간들로부터 어떠한 결실, 즉 우리의 선행을 받기를 원하시는데, 그것은 모든 인간들은 "선한 생활을 하도록 예수 그리스도를 통해서 창조된 작품"(에페 2, 10)으로서 오직 그분께만 속해 있음을 증명해준다. 그리고 성령의 이 말씀은 예수 그리스도만이 우리의 모든 선행의 시작이며 마침이시고, 또한 우리는 그분을 섬기는 데 있어 삯을 받는 하인으로서가 아니라 사랑의 노예가 되어야 한다는 것을 우리에게 가르치신다. 그럼 내가 뜻하는 바를 설명하겠다.

69. 이 세상에는 어떤 사람에게 속하는 데 있어서 그 사람의 권위에 의존하는 방식이 두 가지 있다. 즉 노예 상태와 단순한 종속 관계의 종이라는 관계가 바로 그것이다. 그리스도인들 사이에서 일반적인 종속으로는 어떤 사람이 일정한 급료나 이러저러한 보수를 받기로 하고 일정 기간 동안 다른 사람에게 봉사하겠다고 약속한다. 노예는 일생 동안 다른 사람에게 전적으로 예속되는 사람으로서, 그는 자신을 살리고 죽일 권리를 가지고 있는 자기 주인에게 일종의 가축처럼 아무런 보수나 보상도 요구할 권리 없이 그의 주인을 섬겨야만 하는 사람이다.

70. 노예의 종류에는 세 가지가 있다. 태어날 때부터의 노예, 강요에 의한 노예, 스스로 원해서 된 노예이다. 모든 피조물은 첫 번째 의미로 볼 때 하느님의 종들이다. 하느님께서는 원래 만물을 소유하시고, 그것을 처리하는 권리를 가지고 계신다. 그래서 "이 세상과 그 안에 가득한 것이 모두 야훼의 것, 이 땅과 그 위에 사는 것이 모두 야훼의 것"(시편 24, 1) 하고 노래한다. 두 번째, 강요에 의한 노예는 마귀들과 영벌에 처해진 사람들이며, 세 번째, 스스로 원해서 된 노예는 성인들과 의인들로서 그들은 사랑으로 기꺼이 순종한다. 스스로 원해서 된 노예는 비록 본래 그렇게 할 의무가 없을 때에도 무엇보다도 하느님과 하느님께 대한 봉사를 선택하기 때문에 이들의 봉사는 하느님 대전에 가장 완전하고 가장 큰 영광을 드린다. 하느님을 사랑하려는 의지로 가득 찬 그들은, 사람의 속마음을 들여다보시고(1사무 16, 7 참조) 사람의 마음을 헤아리시고 마음만을 원하시고 사랑의 의지로 가득 찬 의지의 하느님이라고 불리시는 그분께 가장 영광스러운 것이다(시편 73, 26 참조). 그래서 본래 완전한 봉헌에 대한 의무가 없을 때에도 그들은 하느님께 더욱 완전한 봉헌을 함으로써, 모든 것 위에 하느님과 하느님을 섬기는 일을 선택하게 된다.

71. 하인과 노예 사이에는 전혀 다른 차이점이 있다.

1) 하인은 자기의 온 존재와 모든 소유물, 또 자기 힘으로든지 남의 도움으로 얻을 수 있는 모든 것을 자기 주인에게 전부 바치지는 않는다. 그러나 완전히 봉헌된 사람, 즉 노예는 자기의 존재를, 자기가 가진 모든 소유물과 앞으로 가질 수 있는 모든 것들을 남김없이 자기 주인에게 바친다.

2) 하인은 자기 주인에게 봉사한 것에 대한 보수를 요구하지만 노예는 어떻게 일했든, 얼마나 솜씨 있게 했든, 얼마나 그 일에 정성

을 바쳤든지 간에 주인에게 아무것도 요구할 수가 없다.

3) 하인은 자기가 원할 때 또는 적어도 고용 기간이 해제될 때는 주인을 떠날 수 있다. 그러나 노예는 자기 주인을 떠날 권리가 없으며 그 관계는 항상 유효하다.

4) 하인의 주인은 자신의 하인에 대해 살리고 죽일 권한이 없다. 만일 주인이 하인을 짐을 나르는 가축 중의 한 마리처럼 죽인다면 불의한 살인죄를 짓는 것이다. 그러나 노예의 주인은 그를 죽이고 살릴 수 있는 법적 권한을 가지며, 팔 수도 있고 자신이 좋아하는 다른 노예를 사들이거나 자신이 부리는 말처럼 죽일 수도 있다.

5) 마지막으로, 하인은 자신의 고용인에게 어느 시간에만 봉사하지만, 노예는 항상 봉사해야만 한다.

72. 사람들 사이에서 우리를 다른 사람에게 속하게 하는 데 있어 노예 신분보다 더한 것이 없듯이, 그리스도인으로서는 우리를 완전히 봉헌하여 예수 그리스도와 그분의 어머니이신 마리아께 속하는 것 이외에는 다른 아무것도 없다.

이에 대한 모범으로 예수 그리스도께서는 우리를 사랑하신 나머지 스스로 "종"의 신분을 취하셨으며(필립 2, 7 참조) 동정 마리아도 자신을 "주님의 종"(루카 1, 38 참조) 또는 "주님의 것"이라고 말씀하셨다. 그리고 사도 바오로는 자신을 "예수 그리스도의 종"이라고 부르는 것을 영광으로 생각하였다(로마 1, 1; 갈라 1, 10; 필리 1, 1 참조). 또 성경 안에서 그리스도인들은 자주 "그리스도의 종"이라고 불린다. "servus"(종이라는 의미의 라틴어)라는 이 단어는 어떤 학자가 지적한 것처럼, 원래 오늘날과 같은 뜻의 고용인 또는 하인이라는 개념이 없었고 다만 노예라는 뜻으로만 사용되었다. 그래서 그 주인들은 노예가 아니면 노예에서 해방된 자유인에 의해서 섬김을 받았다. 트리엔트 공의회에서도 우리가 예수 그리스도의 소유라는 것을 전제하여 우리를 "예수 그리스도의 노예mancipia Christi"라고 칭했다.

73. 그러므로 나는 이렇게 말한다. 즉 우리는 고용된 하인으로서가 아니라 사랑의 완전한 헌신에서 예수 그리스도께 속해야 하고 그분을 섬기지 않으면 안 된다고. 우리는 위대한 사랑으로 우리 자신을 그분께 바치고, 그분의 것이 되는 영광만을 위해서 그분을 섬기는 데에 무조건 헌신해야 한다. 세례 받기 전에는 우리가 마귀의 노예였으나, 세례를 받음으로써 우리는 예수 그리스도의 노예가 된 것이다. 그리스도인들은 예수 그리스도의 노예가 아니면 마귀의 노예가 되어야 한다.

74. 내가 예수 그리스도에 관해서 지금까지 절대적으로 말해온 것을 성모 마리아에 대해서는 상대적으로 말할 수 있다. 즉 예수 그리스도께서 당신의 삶과 죽음, 하늘과 땅에서의 당신의 영광과 능력의 떨어질 수 없는 동반자로서 마리아를 선택하셨기 때문에 성인들이 "본성적으로 하느님께 속하는 모든 것은 은총에 의해서 마리아께도 속한다"라고 말하고 있듯이, 하느님께서 본성적으로 가지고 계시는 권리와 특권은 은총에 의해 마리아에게도 주어졌다는 것이다. 그래서 성인들의 말에 따르면, 예수님과 마리아는 똑같은 의지와 능력에 참여하시게 되면 또한 같은 신하들과 노예들을 가지고 계신다. 그러므로 그 두 분 중 어느 한 분께 자신을 바치는 것은 바로 다른 분께도 바치는 것이 된다.

75. 성인들과 많은 위대한 사람들의 가르침에 따르면, 보다 완전히 예수 그리스도께 속하기 위해서 우리는 성모 마리아의 사랑이 가득한 노예라고 말할 수 있고 또 그렇게 될 수가 있다. 주 예수

님께서는 우리에게 내려오시는 수단으로서 성모 마리아를 통하셨고, 우리도 예수 그리스도께 가까이 가기 위해서는 마리아를 통하지 않으면 안 된다. 왜냐하면 우리가 어떤 것에 애착을 가지면, 그 것은 우리를 하느님께로부터 멀어지게 하는데, 마리아는 그렇지가 않기 때문이다. 오히려 마리아의 가장 강렬한 원의는 우리를 성자이신 예수 그리스도와 일치시키고자 하는 것이며, 또 성자의 가장 강한 원의는 당신의 거룩하신 어머니를 통하여 우리가 당신께로 나아가는 것이기 때문이다. 이는 마치 여왕의 종이 됨으로써 보다 더 훌륭한 왕의 종이 되어, 왕께 기쁨과 영예를 드리는 것과 같다. 그렇기 때문에 교부들과 그들을 이은 성 보나벤투라는, 성모 마리아는 주님께 나아가는 길이라는 의미로 이렇게 말하였다. "그리스도께로 가는 길은 성모님께 가까이 가는 것이다."

76. 더 나아가서 성 안셀모, 성 베르나르도, 성 베르나르디노와 성 보나벤투라는 "동정 마리아를 포함한 모든 것이 하느님의 권하에 있고, 하느님께 속한 모든 것이 하느님까지도 동정 마리아의 권하에 있도다"라고 말한다. 내가 이미 말한 바와 같이 마리아는 하늘과 땅의 모후이시며 주인이시므로, 지상의 피조물들만큼 많은 수의 신하과 노예들이 있지 않겠는가? 그리고 이 많은 노예들 가운데에는 사랑과 자유의지로 마리아를 자신의 주인으로 선택하는 사람들도 많이 있지 않겠는가? 사람들이나 악마에게도 자발적인 노예가 있다면 어찌 마리아에게는 그 같은 노예들이 없겠는가? 세상의 왕들은 왕후가 생사의 권한을 행사할 수 있는 자기 소유의 노예를 가지는 것을 영광으로 생각했다. 왜냐하면 그의 아내인 왕후의 권한이 바로 왕들 자신의 영예와 권력이기 때문이었다. 그런데 하물며 모든 아들들 중에 가장 착한 아들이신 우리 구세주께서 거룩하신 당신 어머니께 온갖 권한을 나누어주셨는데 어찌 우리들이

그 어머니에게 온전히 봉헌하는 것을 좋아하시지 않겠는가? 주 예수님께서 마리아에 대해 가지셨던 존경과 사랑이, 아하스에로스가 에스델에 대해서, 솔로몬이 밧 세바에 대해서 가졌던 것보다도 오히려 덜했다고 감히 생각할 수 있겠는가? 누가 감히 그런 말을 하고 그런 생각조차 할 수 있겠는가?

77. 아, 내가 왜 이다지도 필요 없는 말을 하고 있을까? 왜 내가 이다지도 명백한 사실을 새삼스럽게 증명하려고 하는가? 만일 누가 자기 자신을 성모님의 노예라고 말하고 싶지 않다면 그래도 좋다. 그가 예수 그리스도께 자신을 오로지 바치고, 예수 그리스도의 노예라고 생각해도 좋다. 그것은 예수님께서 마리아의 아들이며 마리아의 영광이기 때문에 그 사람 역시 마리아의 것이 되지 않을 수 없는 까닭이다. 내가 지금부터 이야기하게 될 완전한 신심인 봉헌을 통해서 완전히 이렇게 되는 것이다.

셋째 진리: 우리 안의 나쁜 요소들을 없애기 위해
우리에게는 마리아가 필요하다.

78. 우리의 가장 훌륭한 선행도 마음속 깊이 뿌리박고 있는 나쁜 바탕으로 말미암아 더럽혀지고 썩는다. 만일 깨끗하고 맑은 물을 썩은 물에 붓거나 좋은 술을 나쁜 술이 담긴 그릇에 넣는다면, 그 깨끗한 물과 좋은 술은 쉽게 상하여 악취를 풍기게 된다. 이와 같이 하느님께서 원죄와 본죄로 더럽혀진 우리 영혼의 그릇에 하느님의 은총과 하늘의 이슬이나 하느님 사랑의 맛있는 포도주를 부어 주신다 해도, 우리의 죄가 남겨놓은 나쁜 찌꺼기와 나쁜 바탕으로 말미암아 하느님의 선물은 쉽게 상하고 더럽혀지고 만다. 비록 어떠한 고상한 덕행이라 할지라도 우리의 행실은 그러한 영향을 받

기 마련이다. 그러므로 예수 그리스도와의 일치에 의해서 이루어지는 완덕에 도달하려면, 우리 마음속 깊은 곳에 박혀 있는 악의 뿌리를 송두리째 뽑아야 한다. 그렇지 않으면, 무한히 깨끗하시고 우리 영혼 안에 있는 아주 작은 더러움도 싫어하시는 주님께서, 우리를 당신 눈앞에서 내치시고 우리와 결코 일치하지 않으실 것이다.

79. 우리 자신에게서 이탈되기 위해서는 우리의 본성이 얼마나 나쁜지, 선행을 함에 있어서 얼마나 무능한지, 모든 일에 있어서 얼마나 약한 존재인지, 얼마나 참을성이 없는지, 은총을 받을 자격이 얼마나 없는지, 또는 모든 것에 있어서 얼마나 악한지를 성령의 비추심으로 깨달아야 한다.

누룩이 반죽으로 하여금 신맛을 띠게 하고 부풀어 오르게 하고 마침내 속을 변하게 하는 것처럼, 우리는 원조 아담의 죄에 의해서 완전히 죄에 물들게 되었고 그러한 원죄는 우리를 변질시키고 말았다. 대죄이건 소죄이건 간에 우리 자신이 범한 죄는 용서받았다 하더라도, 아담에게서 비롯된 죄는 우리의 욕망과 연약함과 변덕성과 우리의 타락을 더욱 증가시켰으며 우리 영혼 안에 죄의 나쁜 흔적을 남겨놓았다.

성령께서는 우리의 육체를 "죄에 물든 육체"(로마 6, 6 참조)라고 불렀고, 죄중에 태어났으며(시편 51, 5 참조), 죄로 양육되었고, 온갖 죄를 서슴지 않을 수천 가지 악에 예속되어 날마다 타락해가고 질병과 병균과 부패 외에는 아무것도 생기지 않는 육체라고 하셨다. 이러한 우리의 육체와 결합된 영혼 역시 육체만큼이나 세속적이다. "하느님 보시기에 세상은 너무 썩어 있었다. 그야말로 무법천지가 되어 있었다. 하느님 보시기에 세상은 속속들이 썩어, 사람들이 하는 일이 땅 위에 냄새를 피우고 있었다"(창세 6, 11-12). 우리가 가지고 있는 것이라고는 정신에 있어서는 교만과 무지, 마음에 있어서는 완고한 고집, 영혼에 있어서는 연약함과 변덕성, 또한 정욕과 반항적인 열정과 질병뿐이다. 우리는 본성적으로 공작새보다 더 교만하고 두꺼비보다 더 야비하고 아첨을 부리며, 염소보다 더 비열하고 수치스러우며, 뱀보다 시기심이 강하고, 돼지보다 더 게걸스럽게 탐욕이 많으며, 호랑이보다 더 화를 잘 내고, 거북이보다 더 게으르며, 갈대보다 더 약하고, 바람개비보다 더 변덕스럽다. 우리는 허무와 죄 외에는 아무것도 가진 것이 없고, 하느님의 분노와 영원한 지옥밖에는 받을 가치가 없는 존재들이다.

80. 그러므로 무한한 지혜이신 예수 그리스도께서 당신을 따르려는 사람들에게 "누구든지 자기 목숨을 아끼는 사람은 잃을 것이며 이 세상에서 자기 목숨을 미워하는 사람은 목숨을 보존하며 영원히 살게 될 것이다"(요한 12, 25)라고 말씀하신 것이 무엇이 이상한가? 주님께서 우리에게 명하시어 우리 자신을 미워하라고 명령하시는 것은 다만 그렇게 해야 할 가치가 충분히 있기 때문이다. 하느님보다 더 사랑받아 마땅한 것은 아무것도 없고, 우리 자신보다 더 미움받아 마땅한 것은 아무것도 없다.

81. 우리가 자신에게서 해방되기 위해서는 어떻든 날마다 자기 자신에 죽지 않으면 안 된다. 즉 자신의 능력과 육체적 관능의 활동을 단념해야 할 것이며, 무엇을 보아도 보지 않는 것처럼, 들어도 듣지 않는 것처럼, 또 세상 것을 사용하여도 사용하지 않는 것처럼 해야 한다(1코린 7, 29-31 참조). 이것을 두고 사도 바오로는 "날마다 죽는 것"이라고 말씀하셨다(1코린 15, 31 참조). 만일 "밀알 하나가 땅에 떨어져 죽지 않으면 한 알 그대로 남아 있고 죽으면 많은 열매를 맺는다"(요한 12, 24). 그래서 만일 자기 자신에 죽지 않고 거룩한 신심이 결실 맺는 죽음으로 우리를 이끌지 않으면 우리

는 이렇다 할 아무런 열매도 맺지 못할 것이고, 우리의 신심은 쓸데없는 것이 되고 말 것이며, 우리의 모든 옳은 일들이 우리의 자존심과 우리 자신의 의지로 더럽혀지고 말 것이다. 그렇게 되면 우리의 어떠한 큰 희생이나 공로도 하느님의 마음에는 들지 않게 되므로, 우리는 죽을 때에 아무런 공로도 없이 빈손으로 하느님 대전에 나서게 될 것이며 하느님의 순수한 사랑의 불을 지니지 못할 것이다. 그러한 순수한 사랑은 오로지 자기 자신에 죽어서 "그리스도와 함께 하느님 안에"(콜로 3, 3) 감추어져 있는 영혼들에게만 주어지는 것이기 때문이다.

82. 그러므로 우리는 마리아께 대한 모든 신심들 가운데서 가장 훌륭하고 으뜸으로 성화시키는 것으로서 위에서 말한 "내적인 죽음"으로 우리를 이끌어주는 신심을 선택해야 한다. 그 이유는 "반짝이는 것이라고 해서 전부 금이 아니며, 달콤한 것이라고 해서 전부 꿀이 아닌" 것처럼, 쉽게 행할 수 있고 대부분의 사람들이 행하는 것이라고 해서 그것이 모두 성화의 방법이라고 믿어서는 안 되기 때문이다. 자연계에 있어서 빠르고 쉽고 비용이 적게 드는 비결이 있는 것처럼, 초자연계(은총의 세계)에 있어서도 자기 자신을 비워 하느님으로 가득 채우고 완덕에 나아가기 위한 보다 더 쉬운 은총의 비결이 있다.

내가 차후에 말하려는 이 신심은 많은 신자들이 아직 모르고 있고 극소수의 신심 있는 신자들만이 알고 실천하고 있는 것으로서 그것은 이처럼 은총의 한 비결이다. 이 신심의 실천을 시작하기 위해서 셋째 진리의 결론인 넷째 진리에 대해 살펴보기로 하자.

넷째 진리: 마리아는 그리스도께 이르기 위한 중개자이시다

83. 우리가 중개자를 통해서 하느님께 가까이 가는 것은 겸손을 뜻하는 것이므로 완전하다 할 수 있다. 위에서 말한 바와 같이, 우리 본성은 너무도 병들어 있으므로 우리의 노력과 능력만으로 이루어진 선행은 확실히 죄에 물들어 있어, 도저히 하느님의 마음에 들 수 없다. 따라서 그것은 보잘것없는 것이므로 우리가 하느님과 일치하고 하느님께서 우리의 청원을 들어 허락해주시기는 어려운 것이다. 우리가 하느님께로 나아가기 위해서 예수 그리스도께서 중개자로 오신 것은 충분한 이유가 있다. 하느님께서는 우리의 비천함과 무능함을 보시고 우리를 측은하게 여기시며 동정하셨다. 이렇게 하느님께서는 우리로 하여금 당신의 자비에 가까이 갈 수 있게 하기 위해서, 당신 곁에 있는 힘과 능력을 가진 중개자를 우리에게 보내주셨다. 그러므로 우리가 이 중개자를 무시하고 직접 지존하신 성삼위의 어좌에까지 접근한다는 것은 분명 겸손의 부족이며, 지존하시고 엄위하신 하느님께 대한 흠숭이 부족한 것이다. 우리가 세상의 왕 앞에 나아가기 위해서도 적당한 중개자가 있어야 한다면, 왕 중의 왕이신 지존하신 하느님께 나아가기 위해서는 더욱 그렇게 하지 않으면 안 된다.

84. 예수 그리스도는 하느님 대전에서 우리 구원을 위한 대변자이시며 중개자이시니, 우리는 그분을 통하여 승리의 교회(천국의 교회)와 전투의 교회(지상의 교회)와 하나 되어 기도해야 하고, 그 중개자를 통해서 엄위하신 하느님 곁으로 가까이 가고, 그 중개자의 공로에 의지하여 그분 앞에 가지 않으면 안 된다. 마치 야곱이 아버지 이사악 앞에 나아가 축복을 받기 위해 먼저 새끼 염소의 가죽을 걸쳤듯이 그리스도의 공로에 의지하지 않고서는, 그리스도의

공로의 옷을 입지 않고서는 우리는 하느님 아버지 대전에 나설 수가 없는 것이다.

85. 그러나 우리가 중개자 예수 그리스도 앞에 나아가는 데에 있어서 또 다른 한 중개자가 필요하지 않을까? 우리는 중개자이신 예수 그리스도 앞에 직접 나설 만큼 충분히 순결한 것일까? 예수 그리스도께서는 모든 것에 있어서 성부와 같은 하느님이 아니신가? 그렇다면 역시 성부와 동등하게 그분을 존경하고 찬미해야 하지 않겠는가? 예수 그리스도께서 무한한 자비심으로 성부의 의노를 진정시키시고, 우리의 죄를 대신 보속하기 위하여 구원자가 되고 중개자가 되셨다 해서 그분의 위엄과 거룩함에 대하여 존경과 두려움을 덜 가져도 되겠는가? 그러므로 베르나르도 성인과 같이 나는, 우리가 중개자 예수 그리스도께 나아가기 위해서는 또 다른 중개자가 필요한데 이 역할을 감당해낼 분은 마리아가 가장 적합하다고 단언한다.

예수 그리스도께서 마리아를 통하여 우리에게 오셨으므로, 우리 또한 마리아를 통하여 예수 그리스도께 나아가지 않으면 안 된다. 예수 그리스도의 위대하심과 우리 자신의 비천함을 비교해볼 때, 우리 죄인이 직접 예수 그리스도 앞으로 나아가기가 두려우면, 우리의 어머니이신 마리아에게 의탁하고 그분의 도움과 전구하심을 과감하게 부탁하도록 하자!

마리아께서는 마음이 어질고 양순하시다. 마리아께서는 우리가 무엇을 부탁해서 거절하실 정도로 엄하지 않으시고, 마리아를 바라보아서 눈이 부실 정도로 장엄하거나 찬란하신 분이 아니시며, 마리아를 바라볼 때 우리는 우리 자신의 순수한 본성을 보는 것이다. 마리아는 그 찬란한 광선이 우리의 눈을 어둡게 하는 태양이 아니시고, 태양의 빛을 부드럽게 반사시켜 우리의 약한 눈이 바라볼 수 있도록 광선을 조절하는 달과 같이 아름답고 부드러운 분이시다. 마리아는 당신의 전구하심을 청하는 어떤 죄인도 내치지 않으실 만큼 사랑으로 충만하신 분이시다. 그래서 성인들이 말하는 것과 같이, 이 세상이 생긴 이래 신뢰와 인내를 가지고 마리아에게 피신처를 구하여 거절당한 일은 한 번도 없었다. 마리아는 당신이 청해서 한 번도 거절당하신 일이 결코 없을 정도로 힘 있는 분이시며, 아들 예수 그리스도 앞에 나서는 것만으로도 예수 그리스도께서는 마리아의 부탁을 충분히 들어주시고, 예수께서는 당신을 낳아 길러주신 사랑하는 어머니 마리아의 부탁에는 꼼짝 못하신다.

86. 내가 지금 여기 쓴 것은 성 베르나르도와 성 보나벤투라의 말이다. 이 성인들의 말에 따르면 우리가 하느님께로 올라가기 위해서는 세 계단이 있다. 그 첫 계단은 우리에게 가장 가깝고 우리의 능력에 가장 알맞은 마리아이시다. 둘째 계단은 예수 그리스도이시고, 셋째 계단은 하느님 아버지이시다. 예수 그리스도께 나아가기 위해서는 우리 기도의 중개자이신 마리아를 거쳐야 하고, 영원하신 하느님 아버지께로 나아가기 위해서는 우리 구원의 중개자이신 예수 그리스도를 통해야 한다. 내가 다음에 쓰게 될 신심은 바로 이 순서를 따른 것이다.

　다섯째 진리: 하느님으로부터 받은 은총과 보물들을
　　　　　　　보존하기 위해서 우리에게는 마리아가 필요하다

87. 우리는 연약하고 불안정하기 때문에 하느님으로부터 받은 은총과 선물들을 보존하기가 대단히 어렵다.
　첫째, 하늘과 땅보다도 더 고귀한 이 보물들을 우리는 깨어지기 쉬운 질그릇(2코린 4, 7), 즉 보잘것없는 어떤 것에 의해서도 당황하고 실망케 되는 나약하고 변덕스런 영혼과 썩어 없어질 육체 속에 지니고 있기 때문이다.

88. 둘째, 교활한 악마들이 귀중한 우리의 보물들을 빼앗고 강탈하기 위해 불시에 엄습하기 때문이다. 악마들은 밤낮으로 적당한 기회를 노려 숨어 다니면서 우리가 순간적으로 범하는 중죄로, 여러 해를 거듭하여 쌓아둔 은총과 공로를 한순간에 빼앗아 우리를 집어삼키려고 쉴 새 없이 돌아다닌다(1베드 5, 8). 악마들은 대단히 심술궂고 약아빠지고 교활하고 수가 많으므로, 우리는 이러한 불행을 미연에 방지하기 위해서 주의 깊게 경계해야 한다. 우리보다 은총과 덕행이 풍부하고 경험도 있고 성덕이 뛰어난 사람들도, 우리와 같이 악마들로부터 급습당하여 불행하게도 그 귀중한 보물을 강탈당하는 일이 많았다. 레바논의 삼목과 같이 위대하고 하늘의 별들처럼 훌륭한 사람들이, 한순간에 떨어져 그들의 고귀함과 아름다움을 잃어버린 예가 얼마나 많은가! 이 놀랍고 이상한 변화가 왜 일어났는가? 은총의 부족에서인가? 그런 것은 아니다. 그것은 오직 겸손의 부족에서이다. 그들은 자신을 지나치게 믿은 나머지 자기 힘으로 그 보물을 지킬 수 있다고 믿었고, 은총의 귀중한 보화를 보존하기에 자기 집과 금고는 충분히 안전하고 견고하다고 믿었기 때문이다. 그들은 겉으로는 하느님께 완전히 신뢰하는 것같이 보이나 숨은 자만심 때문에, 공의하신 하느님께서는 그들을 각자의 뜻에 맡겨버리고 보화를 도둑맞도록 허락하셨다. 슬프다! 만일 그들이 내가 뒤에 말할 훌륭한 신심을 실천하고 있었더라면 그들의 보화를 힘 있고 믿을 수 있는 마리아에게 맡겼을 것이며, 마리아는 그것을 마치 당신 자신의 보화인 것처럼 지켜주셨을 것이다. 그리고 마리아는 이를 정당한 의무로 여기셨을 것이다.

89. 셋째, 세상이 크게 부패한 까닭에 성모 마리아께 의지하지 않고는 은총 지위에 머물러 있기 어렵기 때문이다. 오늘의 세상은 아무리 신심 깊은 사람이라 할지라도 세상의 더러움에 물들거나, 적어도 세상의 티끌에 더럽혀지지 않는다는 것이 불가피할 정도록 부패되어 있다. 그래서 이 세상의 거센 물결 속에서 흔들리지 않고 휩쓸리지 않으며, 이 세상의 심한 풍랑의 바다에 빠지지 않거나 해적에 약탈당하지 않고, 병균이 뒤끓는 이 세상의 더러운 공기에 전염되지 않는다는 것은 일종의 기적이다. 누가 감히 이 기적을 행하겠는가? 이는 사탄도 더 이상 힘을 쓸 수 없는, 유일하게 충실하신 동정녀 마리아뿐이시다. 마리아께서는 당신께 완전히 자신을 봉헌하는 자에게 이러한 기적을 행하신다.

제3장
마리아께 대한 올바른 신심의 표지

90. 위에 말한 다섯 가지 진리를 전제로 우리는 마리아께 대한 참된 신심을 그 어느 때보다도 더 잘 선택해야 한다. 특히 근래에 와서 사람들이 쉽게 참된 신심으로 착각하는 그릇된 마리아 신심이 그 어느 때보다 더욱 많기 때문이다. 교활하고 능숙한 거짓 도금사이며 사기꾼 같은 악마는 마리아께 대한 거짓 신심을 통해 수많은 영혼들을 속여 지옥으로 보내고 있으며, 날마다 더욱 교묘한 악마적인 수법을 사용하여 사람들을 속이거나 얼르고 달래면서, 또는 몇 가지 기도문을 외우거나 외적인 신심 실천들이 진정한 신심이라고 설득시키면서 그들을 즐겁게 하고 죄에 빠져들게 한다. 거짓 도금사들은 상습적으로 금과 은만을 위조한다. 다른 금속품은 위조해야 별 소득이 없기 때문이다. 이처럼 간사한 악마들도 어느 다른 신심보다도 성체께 대한 신심이나 예수와 마리아께 대한 신심을 더욱 많이 흉내 낸다. 이 신심이야말로 다른 신심에 비해 황금이나 은과 같은 높은 가치를 가지기 때문이다.

91. 그러므로 다음 사실들은 대단히 중요한 것이므로 알아둘 필요가 있다.

첫째, 마리아께 대한 거짓 신심을 알아 그것을 피해야 하며, 참된 신심을 알아서 그것을 행해야 한다.

둘째, 마리아께 대한 여러 가지 신심 중에서도 어느 것이 가장 완전하고 마리아께서 가장 기뻐하시는 것인지, 또 어느 것이 하느님의 뜻에 맞고 그분께 가장 큰 영광을 드리는 것인지, 우리를 가장 성화시키는 것이 무엇인지를 알아야 한다.

제1절
마리아께 대한 거짓 신심과 거짓 신심가

92. 내 경험으로 보면, 마리아께 대한 거짓 신심과 그 신심가信
心家들을 일곱 가지로 분류할 수 있다. 첫째, 비판적 신심, 둘째, 소
심한 신심, 셋째, 외적인 신심, 넷째, 주제넘은 신심, 다섯째, 변덕
스런 신심, 여섯째, 위선적인 신심 그리고 일곱째, 이기적인 신심
이 바로 그것이다.

첫째: 비판적인 신심가

93. 비판적인 신심가들은 거의 대부분이 마리아께 대한 신심을
조금 지니고 있긴 하지만, 교만한 지식인들이며 독자적이며 자기
중심적인 정신을 가진 자유사상가들이다. 그러므로 그들은 단순하
고 소박한 사람들이 경건한 마음으로 마리아께 바치는 신심이 마
음에 들지 않는다는 이유로 언제나 순박한 이들의 신심을 비판한
다. 그들은 수도회의 연대기나 충분히 믿을 만한 작가의 기록이나
문헌에 기재되어 있는 것만을 믿으며, 마리아의 자비와 능력을 증
명하는 기적이나 이야기들을 철저히 의심한다. 또한 순박하고 신
심 깊은 사람들이 어느 순례지에서 혹은 성모 제대, 성모상 앞에
꿇어 기도하는 모습을 보면 마치 목석을 향해 비는 우상 숭배자들
이라고 비난한다. 비판적인 신심가들은 그런 외적인 신심을 좋아
하지 않으며, 마리아에 대한 수많은 이야기나 기적들을 믿을 정도
로 자신이 어리석지 않다고 확신한다. 만일 교부들이 마리아께 바
친 그 놀라운 찬미와 존경을 그들에게 들려준다면, 그들은 그 교부
자들이 설교자로서 과장해서 말한 것이라고 하거나 교부들의 말이
잘못 이해되었다고 대답한다.

우리는 이러한 거짓 신심가와 교만하고 세속적인 사람들을 경계해야 한다. 그들은 마리아께 대한 신심에 무한히 해를 끼치며 그 신심의 남용을 없애야 한다는 핑계로, 마리아께 대한 신심으로부터 사람들을 실제로 멀어지게 한다.

둘째: 소심한 신심가

94.　소심한 신심가들이란 "어머니를 공경하는 것이 그 아들의 명예에 손상이 되고, 어머니를 들어 높이는 것은 아들의 품위를 낮추는 것이 된다"고 겁내는 사람들이다. 그들은 역대 교부들이 마리아께 바쳤던 그런 찬양을 사람들이 마리아께 드리는 모습을 보면 참지 못하고, 성체 앞보다도 성모 제대 앞에 더 많은 사람들이 무릎을 꿇고 있는 것을 보면 불쾌감을 갖는다. 마치 마리아를 대하는 것이 그리스도 예수를 대하는 것과 모순이나 되는 것처럼, 또한 마리아께 기도하는 것이 마리아를 통하여 예수 그리스도께 기도하는 것이 아니라는듯이 화를 낸다. 그들은 사람들이 열렬히 마리아께 대하여 이야기를 많이 하거나 자주 기도하는 것을 원치 않는다. 여기서 그들의 몇 가지 상투적인 말투를 예로 들어보겠다.

"그렇게 수많은 마리아 신심회니 묵주기도회니, 기타 마리아께 대한 외적 신심들이 무슨 소용이 있는가? 그것은 모두 사람들이 무지한 탓이 아닌가? 이러한 모든 신심단체와 그 행사는 우리 종교의 웃음거리밖에 더 되겠는가? 그러므로 그리스도께 대한 신심을 즐겨 말하면 되지 않는가? 우리의 유일한 중개자이신 그리스도께 대한 신심만 있으면 족하다. 예수 그리스도께 대해서만 말하라! 이것만이 참다운 신심이다!"

어떤 의미에서는 그들이 말하는 것은 옳다. 그러나 그들이 말하는 것처럼 더 완전한 신심을 위한다는 구실로 마리아께 대한 신심을 방해한다면 이는 대단히 위험한 것이며, 또한 마귀의 올가미인 것이다. 왜냐하면 우리가 마리아를 공경할 때만큼 예수 그리스도를 공경하게 될 때가 결코 없기 때문이다. 마리아를 공경하는 것은 예수 그리스도를 더욱 완전히 공경하기 위해서이며, 또한 우리의 최종 목적지인 예수 그리스도께로 온전히 나아가기 위함이다.

95. 성교회는 성령과 더불어 "은총이 가득하신 마리아님, 기뻐하소서. 주님께서 함께 계시니 여인 중에 복되시며 태중의 아들 예수님 또한 복되시나이다" 하고 먼저 마리아를 찬양하고, 그다음으로 예수 그리스도를 찬양한다. 그것은 말할 것도 없이 마리아가 예수 그리스도보다 높거나 동등해서가 아니다. 만일 그렇다면 이는 용납할 수 없는 이단적인 가르침이다. 예수 그리스도를 더 완전히 찬양하기 위해서는 먼저 마리아를 찬양해야 하기 때문이다. 그러므로 우리는 거짓되고 소심한 신심가들을 향하여 마리아께 대한 참다운 신심을 가진 사람들과 더불어, "은총이 가득하신 마리아님, 기뻐하소서. 주님께서 함께 계시니 여인 중에 복되시며, 태중의 아들 예수님 또한 복되시나이다." 하고 기도하며 외치도록 하자.

셋째: 외적인 신심가

96. 외적인 신심가란 마리아께 대한 모든 신심을 형식적인 것에만 치중하는 사람들을 말한다. 그들은 내적인 정신을 가지고 있지 않으므로 마리아께 대한 신심의 외적인 것에만 맛들이고, 또한 그들은 묵주기도를 될 수 있는 대로 한꺼번에 여러 단을 빨리 해치우듯 하며, 의미 없이 습관적으로 미사에 참례하고, 마음에도 없이 신심행사에 참여하기가 일쑤며, 생활을 개선하려고 한다든가, 욕정을 억제해보겠다든가, 마리아의 덕행을 본받겠다는 생각은 전혀 없이

모든 마리아 신심회에 가입한다. 그들은 신심의 참된 의미도 모르고 신심의 감각적인 면만을 좋아한다. 그래서 시작한 신심으로부터 아무런 흥미를 갖지 못하면, 그것은 아무 가치도 없는 것으로 여기고 자신을 깎아내리거나 그만두어버린다. 그들은 어떤 신심에 대해서도 평온한 마음을 갖지 못하고 중도에 포기해버리거나, 혹은 모든 것을 자기 기분대로 해버린다. 세상에는 이런 형식적인 신심가가 많다. 그러면서도 그들은 사소한 외적인 신심을 업신여기지 않으면서 내적인 신심을 중요시하며 꾸준히 실천하고 열심히 기도하는 참다운 신심가들에 대해서는 날카로운 비판을 던진다.

넷째: 주제넘은 신심가

97. 주제넘은 신심가란 정욕에 빠진 죄인들이나 세상에 애착을 갖는 사람들이다. 그들은 그리스도인 혹은 마리아 신심가라는 미명 아래 그들의 교만, 인색, 음란, 음주벽, 분노, 악담, 비방, 부정과 기타 나쁜 행실을 숨기고 있다. 마리아께 대한 신심을 가지고 있다는 구실로 좀 더 착실한 생활을 해보겠다는 노력은 하지 않고 나쁜 습관을 지닌 채 그대로 키워가고 있다. 이들은 고집스럽게도 이렇게 말한다.

"우리들은 끊임없이 묵주기도를 바치고 금요일에는 단식을 지키며, 로사리오회나 성의회 또는 수도회 제3회원이고 마리아의 성패를 지니고 다니므로 하느님께서는 우리를 너그럽게 용서해주실 것이며, 우리들은 고해성사를 받지 않고는 죽지 않을 것이며 우리는 아무런 문제 없이 영벌을 받지 않을 것이다"라고 기대한다.

만일 누군가가 그들에게 이러한 신심이 마귀의 속임수에 불과하며 또한 그들을 멸망으로 이끄는 위험한 것에 불과하다고 말해도, 그들은 이 말을 곧이들으려 하지 않고 하느님께서는 자비하시기 때문에 우리를 멸망시키기 위해서 만드시지는 않았다고 호언장담한다. 세상에는 죄인 아닌 사람은 아무도 없다고 말하며 "나는 죽기 전에 꼭 고해성사나 병자성사를 받을 것이며 그리고 죽는 순간에 훌륭한 통회만 하면 그것으로 충분하다"고 말한다. 그 밖에, "우리는 마리아께 대한 신심으로 스카풀라를 착용하고 있다. 우리는 매일 충실하게 겸손한 마음으로 주모경을 일곱 번씩 바치고 있다. 때로는 묵주기도와 성무일도를 바치며 단식도 자주 지킨다"고 말한다. 그리고 그들은 자신들의 말을 강조하고 정당화시키기 위해서, 예전에 누군가에게서 들었거나 책에서 읽었던 이야기들을 끌어댄다. 그것이 참인지 거짓인지는 그들에게 그리 중요한 것이 아니다.

고해성사를 받지 못하고 대죄 중에 죽은 사람이 있었는데 그가 죽기 전에 마리아께 대한 신심 때문에 기적적으로 다시 살아나서 고해성사를 받을 때까지 살아있었다는 이야기를 하는가 하면, 기적적으로 고해성사를 다 받을 때까지 그의 영혼이 그 육체를 떠나지 않았다느니, 혹은 마리아의 자비로 임종 시에 상등통회와 죄 사함의 은혜를 하느님께서 내려주셨다고 하는 여러 가지 이야기를 한다. 그래서 그들 자신도 이와 같은 방법으로 구원되기를 그들은 바라고 있다. 하지만 이런 불손은 특히 배척되어야 한다.

98. 이 악마적인 교만은 교회에서 신랄하게 비난받아 배척되어야 마땅하다. 왜냐하면 그들이 매일 범하는 많은 죄로 그리스도의 마음을 무자비하게 찌르고 꿰뚫고 십자가에 못 박고 모욕하면서, 어찌 그의 어머니 마리아를 사랑하고 공경한다고 말할 수 있는가? 만일 마리아께서 당신의 자비심으로 이러한 무리들을 구원해주는 것을 상례로 삼는다면, 마리아는 그들의 범죄를 방조하여 아들 예수 그리스도를 모욕하고 십자가에 다시 못 박는 일에 협조하는 결과가 될 것이다. 그러므로 감히 이런 것을 어떻게 상상할 수 있겠는가?

99. 거룩한 성체께 대한 신심 다음으로 가장 거룩하고 충실한 마리아께 대한 신심을 그들처럼 남용하는 것을, 나는 모령성체 다음으로 가장 무섭고 용서받을 수 없는 독성죄라고 단언한다. 나는 어떤 사람이 모든 죄를 피할 만큼 거룩하지 않아도 ― 물론 그럴 수 있다면 이상적이지만 ― 참다운 마리아 신심가가 될 수 있다는 것을 인정한다. 그래서 다음 말을 아주 주의 깊게 잘 들어주기 바란다.
 (1) 마리아와 성자를 모두 모욕하는 대죄를 피하겠다고 철저히 굳은 결심을 할 것.
 (2) 모든 죄를 범하지 않도록 온갖 노력을 다할 것.
 (3) 마리아 신심회에 가입하고 묵주기도나 기타 다른 기도를 바치며, 토요일에 단식을 하는 등의 신심을 행할 것.

100. 이것은 완고한 죄인까지도 회개시킬 수 있을 만큼 유익하다. 만일 이 책을 읽는 사람 가운데에도 이러한 죄인이 있어 비록 한 발은 이미 지옥문 안으로 들여놓고 있다 하더라도 그에게 다음과 같이 권고하고 싶다. 다만 그것은 오직 동정 마리아의 전구로 하느님으로부터 통회와 용서의 은혜를 받아 죄 사함과 나쁜 습관을 이기는 승리를 얻을 마음에서 이 신심을 실천하도록 하는 것이지, 절대로 양심의 소리를 외면하거나 예수 그리스도와 성인들의 모범을 따르지 않고 복음의 근본적인 정신을 반대하여 조용히 죄의 상태에서 위안을 찾거나 머물러서는 안 된다는 조건이다.

다섯째: 변덕스런 신심가

101. 변덕스런 신심가란 그때그때 기분에 따라 심심풀이 격으로 마리아 신심을 가지는 사람들을 말한다. 그들은 어떤 때에는 대단한 열성을 보이다가도 어느새 식어버리며, 때로는 마리아를 위

해서 무슨 일이든지 할 것처럼 보이다가도 또 어느 사이에 그 결심은 사라지고 아주 딴사람이 되고 만다. 그들은 처음에는 마리아께 대한 신심을 모두 받아들이고 여러 마리아 신심회에 가입하여 회원이 되었으나 곧 그 회칙에 태만해지는 등, 마리아 신심의 모든 태도가 수시로 바뀌어 마치 차고 기우는 달과 같이 변덕이 심하여, 있다가도 곧 없어지고 마는 초생달 위에 마리아가 발을 붙이고 있는 셈이다. 그들의 변덕 때문에 그들은 충실과 꾸준함을 생명으로 하는 마리아 신심가들 가운데 포함될 자격이 없다. 혀끝으로만 하는 그 많은 기도나 허영적인 신심보다는, 차라리 세속과 마귀와 육신을 이겨나가면서 사랑과 충실로 일관된 작은 기도나 신심을 꾸준히 계속하는 것이 더욱 유익하다.

여섯째: 위선적인 신심가

102. 이 밖에도 또 마리아에 대한 거짓 신심들이 있는데 그들은 위선적인 신심가들이다. 그들은 다른 사람의 눈에 착하게 보이기 위해서 자신의 죄와 악습을 성실하신 동정 마리아의 망토로 덮어 감추어서, 실제로는 그렇지 않은 사람으로 통하고자 한다.

일곱째: 이기적인 신심가

103. 마지막으로, 이기적인 신심가들이 있다. 이들은 어떤 소송을 이기기 위해, 위기를 모면하기 위해, 질병의 치유를 위해, 또 이 밖에 어떤 다른 필요를 위해서만 마리아에게 기도하는 사람들이다. 이들은 이런 사유가 없으면 마리아를 생각조차 하지 않는 사람들이다. 이런한 모든 사람들은 거짓 신심가들이어서 하느님과 성모 마리아를 결코 기쁘게 해드릴 수 없는 사람들이다.

104. 그러면 이제 우리는 아무것도 믿지 않으면서 올바른 신심에 대해서는 무엇이든지 비난하는 비판적인 신심가가 되지 않도록 우리 자신을 바로잡고, 또 성모 마리아를 열심히 공경하는 것이 그리스도를 외적으로만 공경하게 만들지 않을까 하고 겁내는 소심한 신심가가 되지 않도록 주의를 기울이자. 또 모든 신심의 중점을 형식적인 행동에만 있는 것으로 생각하고 치중하는 외적인 신심가도 되지 말고, 마리아께의 신심이라는 구실 속에 자기 죄 속에 머물러 있는 그런 신심가도 되지 말자. 그리고 들뜬 마음에서 자기 신심을 경솔하게 자주 바꾸고 꾸준한 노력은 없이 아주 작은 유혹에서도 그 신심을 모두 버리는 그런 변덕스런 신심가도 되지 말며, 또 열심한 척 성모회에 가입하거나 성모패를 달고 다니는 위선적인 신심가도 되지 말 것이다. 마지막으로, 현세적인 행복이나 육체의 병을 낫게 하기 위해서나 물질적인 이익을 얻기 위해서만 성모 마리아에게 달려드는 그런 이기적인 신심가가 되지 않도록 우리 자신을 단단히 경계하도록 하자.

제2절
마리아께 대한 참된 신심의 표지들

105. 마리아께 대한 거짓 신심을 밝혀 비판하였으니 이제 참된 신심에 대해서 간단히 밝힐 필요가 있어 써보려 한다. 참된 신심은 첫째, 내적인 신심, 둘째, 진정에서 우러난 다정하고 순수한 신심, 셋째, 거룩한 신심, 넷째, 변하지 않는 신심, 다섯째, 욕심 없는 신심을 일컫는다.

첫째: 참된 신심은 내적이다

106. 첫째, 마리아께 대한 참된 신심은 내적인 것이다. 즉 그것

은 마음과 정신에서 싹이 트고, 마리아를 높이 평가하고, 마리아의 위대함에 대한 깊은 신념과 마리아께 대한 사랑에서 우러나온다.

둘째: 진정에서 우러난 다정하고 순수한 신심

107. 둘째로 마리아께 대한 참된 신심은 진정에서 우러나온다. 어린아이가 자신의 사랑하는 어머니를 신뢰하는 것처럼 마리아를 완전히 신뢰하는 것이다. 진정에서 우러나오는 신심은 영혼으로 하여금 육체적으로나 정신적으로 어떠한 필요가 있으면 순박하게 신뢰와 애정에 가득 찬 마음으로 마리아에게 즉시 의탁하고, 언제 어디서나 무슨 일에서든지 착한 어머니에게 도움을 청한다. 또한 의심스러울 때엔 그것을 밝혀주시고, 잘못된 길로 빠졌을 때엔 올바른 길로 인도해주시고, 유혹에 빠졌을 때엔 보호해주시고, 약해졌을 때엔 강하게 기운을 북돋워주시며, 죄에 넘어졌을 때엔 다시 일으켜주시고, 낙담에 빠졌을 때엔 격려해주시며, 불안할 때엔 불안을 없이하여 자유롭게 해주시며, 삶의 십자가와 고난과 장애에 시달릴 때는 위로해주시기를 간청한다. 간단히 말하면, 그들이 영육 간에 어떠한 어려움을 겪을 때 "혹시 귀찮아하시지는 않을까?" 혹은 "그리스도께서 싫어하시지 않을까?" 하는 따위의 두려움이라곤 전혀 없이 자연스럽게 마리아께 도움을 청하고 의탁한다.

셋째: 참된 신심은 거룩하다

108. 셋째, 마리아께 대한 참된 신심은 거룩하다. 이는 죄를 피하게 하고 마리아의 덕행들을 본받도록 이끌어준다. 특히 마리아의 깊은 겸손, 살아있는 신앙, 완전한 순명, 끊임없는 기도, 절제, 천상적인 순결, 하느님께 대한 열렬한 사랑, 영웅적인 인내, 천사

같은 친절 그리고 천상적인 지혜와 같은 것들은 마리아의 주요한
열 가지 덕행이다.

넷째: 참된 신심은 변하지 않는다

109. 넷째, 마리아께 대한 참된 신심은 꾸준하여 변하지 않는 신
심이다. 이는 사람들의 선행을 강화하고, 그들의 신심을 쉽게 버리
지 않도록 인도하며, 세속적인 정신과 행동에 맞서고, 육체적 욕망
과 권태를 이겨나가며, 또한 마귀의 유혹을 물리쳐나갈 용기를 불
어넣어 준다. 그러므로 참된 마리아 신심가는 변덕스럽거나 우울
하지 않으며 소심하거나 겁먹지 않는다. 그러나 때로는 이러한 사
람들도 넘어질 수 있고 신심에 대해 한결같이 느끼지 못하는 때도
있으나, 실수하여 넘어지면 곧 마리아에게 손을 내밀어 다시 일어
서고, 신심의 어떤 감동을 느끼지 못한다 할지라도 불안해 하지 않
는다. 마리아께 대한 충실하고 열심한 신심가들은 결코 자기의 감
정에 의해 살지 않고, 오직 예수 그리스도와 마리아께 대한 신앙으
로(히브 10, 38 참조) 살기 때문이다.

다섯째: 참된 신심은 이기적이지 않다

110. 마지막으로, 참된 마리아 신심이란 욕심이 없다. 즉 이기적
이지 않다. 참된 마리아 신심은 자기 자신을 찾지 않고 오직 마리아
안에서 하느님만을 찾을 생각을 품게 한다. 참된 마리아 신심가는
이기적인 마음으로 고귀한 여왕이신 마리아를 섬기는 것이 아니며,
또 자기의 어떤 물질적 혹은 육체적, 영적 이익을 위해서도 아니며,
다만 그분은 섬김을 받을 자격이 있고 그분 안에서 하느님을 섬기는
것만이 가치가 있는 일이기 때문에 마리아를 섬기는 것이다. 마리아

신심가가 마리아를 사랑하는 것은, 마리아에게 어떤 은혜를 바라거나 또는 은혜를 주기 때문이 아니라 마땅히 사랑을 받아야 할 분이기 때문에 사랑하는 것이다. 그러므로 마리아 신심가는 즐거울 때나 정열적인 기분 일 때와 마찬가지로 싫증이나 무미건조함을 느낄 때도 충실히 마리아께 봉사하고, 골고타에서도 카나 혼인 잔치에서와 마찬가지로 똑같이 마리아를 사랑한다. 자기 자신을 조금도 돌보지 않고 오직 마리아께만 봉사하는 마리아 신심가는 얼마나 하느님과 마리아의 마음에 들고 기쁨이 되며 귀중한 사람이겠는가! 그러나 오늘날 이런 신심가는 얼마나 적은지! 그러므로 나는 이런 신심가가 한 명이라도 더 많아지기를 바라는 마음으로 내가 수년 전부터 전교하면서 강론한 것을 글로 엮어보려고 이 글을 쓰고 있다.

111. 나는 벌써 마리아에 대해서 많은 말을 해왔다. 그러나 마리아의 참된 신심가와 예수 그리스도의 참된 제자를 양성하기 위해서는 아직도 할 말이 많다. 그럼에도 나의 무지와 무능력과 시간 부족으로 인해 언급해야 할 많은 부분을 생략하지 않을 수 없다.

112. 만일 이 작은 책이 "혈육으로나 육정으로나 사람의 욕망으로 난 것이 아니라"(요한 1, 13) 오직 하느님과 마리아에게서 태어난 고상한 사람들의 손에 들어가서 성령의 은총에 의해서 격려되고, 내가 이제 아래에 기록하는 글로써 참되고 순수한 마리아 신심의 우수성과 그 가치를 확신하게 된다면, 나는 애쓴 보람을 충분히 느낄 것이다. 나는 마리아의 극히 미천한 아들이며 종이다. 나의 사랑하올 어머니 마리아, 존귀하올 여왕의 영광을 위해서 지금 쓰고자 하는 진리가 사람들의 마음속 깊이 스며들도록 만일 나의 죄로 물든 피라도 필요하다면, 나는 잉크 대신에 나의 피로써 이 글을 쓴다 하여도 조금도 후회하지 않겠다. 이 책을 읽음으로써 나

의 배은망덕과 불충으로 마리아께 끼친 손해를 사랑하올 여왕이신 마리아에게 보상하는 충실하고 착한 사람이 나오기를 간절히 바라기 때문이다.

113. 나는 오래 전부터 마음속 깊이 믿고 바라고 하느님께 간청드렸던 모든 것, 특히 마리아가 머지않아 지금보다도 더욱 많은 사람들, 사랑의 자녀들과 종들과 당신께 완전히 봉헌된 사람들을 많이 거느리게 됨으로써 나의 주인이신 지극히 사랑하올 예수 그리스도께서 그 어느 때보다도 더욱 많은 사람들의 마음의 왕이 되시기를 보다 더 열렬히 믿고 바라고 있다.

114. 성령의 도움으로 이 책을 쓰는 나와 이 작은 책을 날카로운 이빨로 물어뜯기 위해서 으르렁거리며 분노에 찬 악마들이 미쳐 날뛰는 것을 나는 잘 알고 있다. 적어도 이 악마들은 이 작은 책이 세상에서 빛을 보지 못하게 어두운 구석이나 궤짝 깊은 곳에 처박아 두게 하고, 더욱이 이 책을 읽어 행동으로 실천하는 사람들을 공격하고 박해할 것이다. 그러나 그것이 무슨 문제가 되겠는가! 오히려 그것은 더욱 좋은 일이다! 이러한 현상은 나에게 용기를 주며, 놀라운 성공을 거둘 것이 틀림없다는 것을 확신케 한다. 즉 장차 다가오는 시대에 세속과 악마와 부패된 본성과 맞서 싸울 예수 마리아 군단인 용감무쌍한 남녀 군사들이 일어나리라는 희망을 갖게 해준다. "독자는 알아들으라"(마태 24, 15). "이 말을 받아들일 만한 사람은 받아들여라"(마태 19, 12).

註) 저자인 루도비코 성인의 이 예언은 그대로 이루어졌다. 이 책의 원고는 18세기 내내 얀세니즘의 박해를 받았고, 프랑스 혁명 동안에는 궤짝 속에 처박혀 버려져 있다가 1842년에 가서야 이것이 발견되어 1843년에 처음으로 발간되었다.

내적 신심과 외적 신심의 일반적인 실천 방법

115. 참된 마리아 신심은 내적인 여러 가지 방법으로 실천할 수 있다. 그 중요한 것을 요약하면 다음과 같다.

첫째, 마리아를 하느님의 어머니로 상경지례上敬之禮로 공경하는 것이다. 즉 마리아는 참하느님이시요 참사람이신 예수 그리스도 다음으로 가장 존귀한 은총의 걸작품이며 첫째가는 분이시기 때문에 마리아를 다른 성인들보다 더 높이 공경하고 찬미한다. 둘째, 마리아의 덕행과 특권과 행동을 묵상한다. 셋째, 마리아의 위대함을 늘 생각한다. 넷째, 마리아께 사랑과 찬미와 감사의 행위를 드린다. 다섯째, 진심으로 마리아께 보호를 간청한다. 여섯째, 마리아께 자신을 온전히 바치며 일치한다. 일곱째, 자신의 모든 행동이 마리아를 기쁘게 해드리도록 노력한다. 여덟째, 마리아를 통하여, 마리아 안에서, 마리아와 함께, 또한 마리아를 위하여 모든 행동을 시작하고 계속하며 끝맺는다.

이것은 우리의 최종 목적인 예수 그리스도로 말미암아, 그리스도 안에, 그리스도와 함께, 그리스도를 위하여 행동하는 것이다. 이 여덟째 것은 나중에 다시 자세히 설명하겠다(257-265항 참조).

116. 이 참된 마리아 신심은 여러 가지 외적인 행위도 있는데 그 중 중요한 것은 다음과 같다.

첫째, 마리아 신심단체에 가입하거나 마리아와 관련된 자선단체에 가입한다. 둘째, 마리아를 공경하기 위해 설립된 수도회에 입회한다. 셋째, 마리아를 공공연하게 드러내어 찬미하고 전파한다. 넷째, 마리아를 공경하는 뜻에서 자선을 베풀고 단식을 지키며, 정신적이거나 육체적인 고행을 한다. 다섯째, 묵주나 성의(스카풀라)나 그 외에 성모패를 착용한다. 여섯째, 정성과 경외심을 다하여 예수 그리스도의 열다섯 가지 신비를 공경하는 뜻에서 묵주기도 15단을 바치든지 혹은 묵주기도 5단을 바친다.

즉 주님의 탄생 예고 · 마리아 엘리사벳 찾아보심 · 예수님 탄생 · 성전에 봉헌, 그리고 성전에서 예수님 찾으심으로 이루어진 다섯 가지 환희의 신비나 겟세마니 동산에서의 괴로움 · 매 맞으심과 가시관 쓰심 · 십자가를 지심 · 십자가에 못 박혀 돌아가심의 다섯 가지 고통의 신비 또는 예수님의 부활과 승천 · 성령 강림 · 성모 승천 · 마리아께서 천상 모후의 관을 쓰심의 다섯 가지 영광의 신비를 묵상하며 바친다. 또는 마리아께서 세상에 사셨다고 생각하는 햇수를 공경하여 성모송 여섯 단이나 일곱 단을 드리는 묵주기도를 하기도 한다. 또는 마리아의 열두 가지 특권 또는 열두 개의 별로 된 마리아의 왕관을 공경하여 주님의 기도 세 번과 성모송 열두 번으로 되어 있는 십이성十二星 묵주기도인 마리아의 작은 화관 기도를 하기도 한다.

혹은 가톨릭 교회에 널리 보급되어 있는 성모 소성무일도를 바치거나, 마리아를 찬미하기 위해서 성 보나벤투라가 쓴 다정스럽고 경건한 사랑으로 충만하여 마음의 감동 없이는 도저히 읽을 수 없는 작은 성모 찬송책을 읽거나, 마리아의 열네 가지 기쁨을 공경하여 주모경 열네 번을 바칠 수도 있다. 그 외에 살베 레지나Salve Regina나 하늘의 여왕Regina Coeli, 바다의 별Ave Maris Stella, 성모 찬송 Magnificat 등의 기도나 찬미가를 부른다. 일곱째, 마리아를 공경하여 영적인 찬미가를 부르거나 다른 사람도 부르게 한다.

여덟째, 마리아께 무릎을 꿇고 경외하면서 자주 화살기도를 바친다. 매일 아침에는 마리아를 통해서 하느님께 오늘 하루 주님의 은총에 충실하게 응할 수 있는 은총을 간청하기 위해서 'Ave Maria, Virgo Fidelis(충실하신 동정 마리아님, 인사드립니다)'를 60~100번 정도 말씀드리고, 저녁에는 마리아를 통해서 하느님께 오늘 하루 지은 죄를 용서해주시기를 청하기 위하여 'Ave Maria, Mater Misericordiae(자비의 어머니 마리아님, 인사드립니다)'라고 말씀드린다. 아홉 번째, 성모 신심회를 위해서 일하고, 성모님의 제단을 꾸미고 성모상 및 상본을 장식한다. 열 번째, 악마에 대항하는 강력한 무기로 마리아의 상본이나 성상을 모시고 기도의 행렬을 하거나 성모 상본을 몸에 지니고 다닌다. 열한 번째, 마리아의 상본이나 성상을 성당이나 집 안 출입문, 도시 입구에 모셔두거나 특별히 그 이름을 새기거나 붙여 부른다. 열두 번째, 자기 자신을 특별하고 장엄하게 마리아께 봉헌한다.

117. 성령께서 거룩한 영혼들에게 불러일으키신 성화에 대단히 유익한 참된 마리아 신심은 이외에도 수없이 많다. 예수회의 바리 바오로 신부가 쓴《필라지에서 열린 낙원The Paradise Opened to Philagius of Father Barry》이란 책에서 이 신심에 관해 많은 것을 읽을 수 있을 것이다.

이 책은 성인들이 마리아께 대한 공경으로 행한 많은 것을 모아놓은 것으로, 신심 깊은 사람들에게 마리아 공경을 장려하고 우리가 이 신심을 올바른 방법으로 실천한다면 영혼의 성화를 위해서 놀라운 것이 될 것이다.

첫째, 우리의 최후 목적인 예수 그리스도와 일치하기 위하여 하느님의 뜻에만 의합하도록 하고 이웃에게 착한 표양을 보이겠다는 지향을 가지고 해야 한다.

둘째, 제멋대로 행동하지 말고 신중하고 주의 깊게 해야 한다.

셋째, 성급하거나 무성의하게 하지 말고 심사숙고해서 한다.

넷째, 겸허한 태도와 공손하고 모범적인 태도로써 실천한다.

신심의 완전한 실천 방법

118. 나는 마리아께 대한 신심에 관해서 쓴 책들을 거의 전부 읽었다 해도 과언이 아니다. 또한 나는 마리아 신심에 관해서 학덕을 갖춘 여러 사람들과 이야기해보았으나, 내가 쓰려는 신심과 비슷한 신심의 형태는 들어본 적도 없고 찾지도 못했다. 마리아께 대한 나의 이 신심보다 더 하느님을 위해서 영혼의 더 큰 희생을 요구하고, 자신과 이기심을 더욱더 버리게 하며, 더욱 큰 은총으로 충만하게 하고, 예수 그리스도와 더욱 완전하고 쉽게 일치시키며, 마침내 하느님의 더 큰 영광이 되고, 영혼을 더욱 성화시키며, 이웃에 유익이 되는 그러한 신심을 나는 아직 발견하지 못했다.

119. 이 신심의 핵심은 내적인 생활양식에 있으므로 누구나 똑같이 이해하는 것은 아니다. 아니, 대부분의 사람은 신심의 외적 행동에 머물러 그 이상 나아가지 못하고 있다. 몇몇 소수의 사람들이 신심의 핵심을 뚫고 들어가기는 하지만 첫 단계밖에 들어가지 못한다. 그 둘째 단계와 셋째 단계에 도달하는 사람은 누구인가? 그리고 그 단계에 꾸준히 머무는 사람은 누구인가? 그는 오직 예수 그리스도의 영이 그 신비를 명백히 가르쳐준 사람들 뿐이다. 성령께서 이 진실하고 충실한 사람들은 그 신심의 핵심으로 인도하여 덕에서 덕으로, 은총에서 은총으로, 빛에서 빛으로 더욱더 이끌어 마침내는 그 영혼 자신이 예수 그리스도 안에서 변화되고, 세상에서는 인간의 충만한 완덕에 이르고 천국에서는 충만한 영광의 극치에 도달하게 되는 그 사람만이 거기에 이를 것이다.

제2부

✦

복되신 동정 마리아께 대한 완전한 신심

제 1 장
마리아께 대한 완전한 신심의 본질

120. 우리의 완덕은 예수 그리스도를 따르고 그분과 일치하고 그분께 봉헌되는 데 있다. 그러므로 모든 신심 중에서 가장 완전한 신심은 그리스도를 완전히 따르며, 그분과 일치하고 그분께 자신을 봉헌하는 신심이다. 그런데 모든 조물 가운데 마리아께서는 예수 그리스도와 가장 친밀하게 일치하셨다. 따라서 모든 신심 가운데에서도 우리를 예수님께 가장 잘 봉헌하게 하고 친밀하게 일치시키는 신심은 바로 예수 그리스도의 어머니이신 마리아께 대한 온전한 신심이다. 그래서 마리아에게 봉헌하면 할수록 예수 그리스도께도 봉헌하는 것이 된다.

그러므로 예수 그리스도께 대한 완전한 봉헌은 마리아께 전적으로 봉헌하는 것 외에 다른 것이 아니다. 이것은 내가 가르치려는 신심으로서, 바꾸어 말하면 세례 때에 발한 서약과 맹세를 갱신하는 것이다.

제1절
마리아께 대한 완전하고 전적인 봉헌

121. 그러므로 이 신심은 마리아를 통하여 완전히 예수 그리스도의 것이 되기 위해서 어머니 마리아에게 자신을 완전히 바치는 데에 있다. 우리가 마리아께 바쳐야 하는 것은 첫째, 우리의 몸과 몸의 모든 기능, 둘째, 우리의 영혼과 영혼의 모든 능력, 셋째, 우리의 외적인 재화, 즉 현재와 미래에 갖게 될 모든 물건 및 재산, 넷째, 우리의 내적이고 영적인 재화, 즉 과거·현재·미래의 우리

의 모든 공로와 덕행과 선행이다.

다시 말하면, 자연의 질서에서 그리고 은총의 질서에서 우리가 가지고 있는 모든 것을 마리아께 티끌 하나 남김없이 전부 바쳐야 한다. 즉 한 푼의 돈, 머리카락 한 오라기, 손톱만한 작은 선행도 우리는 남겨두어서는 안 된다. 또 우리가 이러한 희생과 봉사를 한다 하여 마리아에 의해 마리아 안에서 예수 그리스도께 속해 있다는 영예 이외에 그 어떤 다른 보수를 요구하거나 희망해서도 안 된다. 설사 마리아가 모든 피조물 가운데서 가장 너그럽고 자애로운 분이 아니라고 할지라도 ─ 그럴 리는 없지만 ─ 우리는 모든 것을 무조건 바쳐야 한다.

122. 이런 관계에 있어서 소위 우리가 행하는 선행에 있어 두 가지의 관점에 주의해야 한다. 즉 보속과 공로이다. 다시 말하면, 우리의 선행으로 죄벌을 없이하고 새로운 은총을 얻는 보속적 또는 청원의 가치와 우리의 선행으로 은총을 증가시키며 영원한 영광을 얻게 되는 공로적 가치, 이 두 가지이다. 그런데 마리아께 대한 우리의 이 봉헌에서는 보속적 또는 청원의 가치와 공로적 가치를, 즉 우리의 모든 선행의 보속과 공로를 마리아에게 바치는 것이 된다. 우리가 마리아에게 우리의 공로, 은총 및 덕행을 드리는 것은 그것을 다른 사람에게 공급하기 위해서가 아니다(왜냐하면 우리의 공로, 은총 및 덕행은 양도할 수 없는 것이기 때문이며, 오직 예수 그리스도만이 하느님 대전에서 우리의 보증인으로서 당신의 공로를 우리에게 나누어주실 수 있기 때문이다). 여기에 대해서는 다음에 또 말하겠지만, 그것은 마리아께서 우리의 은총과 공로를 우리를 위해서 보관하시고, 증가시키시고, 아름답게 꾸미시도록 하기 위해서이다. 그래서 마리아에게 우리가 보속과 선행을 드리는 것은 그것을 마리아께서 당신이 원하는 다른 사람에게 나눠주시도록 하기 위해서 그리고 하

느님의 더 큰 영광을 위해서이다.

123. 그렇게 함으로써 이런 결과가 나온다. 즉 첫째로, 우리는 이 신심에 의해서 우리가 예수 그리스도께 드릴 수 있는 것은 모두, 다른 신심으로 드리는 것보다 훨씬 더 많이 드리는데, 마리아의 손을 통해서 드리기 때문에 더 완전하게 드린다. 다른 신심은 우리의 시간과 선행과 보속과 희생의 일부분만을 예수 그리스도께 바치게 되지만, 이 신심으로는 우리의 내적 재산과 우리가 매일매일 실천하는 선행으로 얻는 보속을 분배하고 처분할 권리까지도 마리아에게 위탁하고 봉헌하는 것이 된다.

이것은 어느 수도회에도 없는 것이다. 수도회에서는 청빈의 서원으로 재산의 행복을, 정결의 서원으로 육체의 행복을, 또 순명의 서원으로 자신의 의지를, 때로는 봉쇄의 서원으로 육체의 자유를 하느님께 드린다. 그러나 자기 선행의 가치를 마음대로 처분할 수 있는 자유와 권리를 하느님께 바치지는 않으며, 그리스도인들에게 있어 특히 아주 소중하고 귀중한 것인 공로와 보속의 가치를 포기하지는 않는다.

124. 둘째로는, 이러한 신심의 방법으로 자발적으로 자신을 마리아를 통해서 예수 그리스도께 바친 사람은 자기 선행의 가치에 대해서 더 이상 마음대로 처분할 권리를 갖지 못하며, 그가 겪는 모든 것, 생각하고 말하고 행동하는 모든 것은 이미 마리아의 것이 되어 마리아는 당신의 아드님 예수 그리스도의 뜻에 따라, 또 당신 아드님의 가장 큰 영광을 위하여 이를 자유로이 처분할 수 있게 된다. 그러나 모든 것을 마리아에게 바쳤다고 해서 현재나 미래의 자기 신분에 따르는 의무에 조금도 해를 끼치지는 않는다. 예컨대 어떤 사제의 의무에 있어서 그가 바치는 미사의 보속적 가치 혹은 대

신 간청하는 기도의 가치를 어느 특정된 개인의 의향에 맡기는 것은 사제의 의무이다. 의무라고 해서 이 신심에 저촉되는 것은 아니라는 것이다. 이 신심에 의한 봉헌은 어디까지나 하느님의 뜻과 신분상의 의무가 따르는 범위 안에서 실천되기 때문이다.

125. 셋째로는, 그 결과로 우리는 자신을 마리아와 예수 그리스도께 동시에 봉헌하게 된다. 왜냐하면 그리스도께서는 우리를 당신과 결합시키고 우리가 당신과 결합하기 위한 완벽한 수단으로 마리아를 선택하셨기 때문이다. 또 우리의 전 존재를 이루는 모든 것은 우리의 구세주이시고 우리의 하느님이신 예수 그리스도의 은혜이며, 그분은 우리의 최종 목적이시기 때문이다.

제2절
완전한 봉헌은 세례 때 했던 서약의 완전한 갱신

126. 나는 이 신심이 세례 때 한 약속의 완전한 갱신을 뜻한다는 것을 이미 말했었다.

그리스도인들은 누구나 세례 전에는 악마에게 속해 있었기 때문에 악마의 노예였다. 그러나 영세 때에 자기 입으로 혹은 대부 대모의 입으로 마귀와 마귀의 행실과 유혹을 끊어버리고, 예수 그리스도를 자기의 주인 또는 최고의 주권자로 삼아 자신을 사랑의 종으로서 완전히 바칠 것을 하느님께 엄숙히 맹세하였다. 마리아께 드리는 완전한 봉헌을 통해서도 그와 같은 것을 우리는 행한다. 봉헌 기도문에 있는 것처럼 우리는 마귀와 세속과 죄악과 자기 자신을 끊어버리고 우리 자신을 마리아의 손을 통해서 예수 그리스도께 바치는 것이다. 아니 이 신심에 있어서는 오히려 그 이상이다. 왜냐하면 세례를 받을 때에는 다른 사람, 즉 대부 대모의 입을 통해서 말을 하고 그래서 대리인에 의해서 자신을 예수 그리스도께 바치게 되나, 이 완전한 봉헌으로는 우리 스스로가 자발적으로 또 명백하게 마리아의 손을 통하여 예수 그리스도께 자신을 바치는 것이기 때문이다.

세례 때에는 적어도 명백하게 마리아의 손을 통하여 예수 그리스도께 자신을 바치지 않고 자기 선행의 모든 가치를 예수 그리스도께 전부 바치지 않으므로, 세례 후에 자기가 원하는 사람에게 이를 적용하거나 자신을 위하여 보존할 완전한 자유를 가지고 있다. 그러나 이 봉헌을 통해서 우리는 마리아의 손을 거쳐 예수 그리스도께 우리 자신을 명백하게 봉헌하고 우리 선행의 모든 가치를 바치게 된다.

127. 토마스 아퀴나스 성인은 사람들이 세례 받을 때 마귀와 마귀의 유혹을 끊어버릴 굳은 약속을 한다고 말한다. 그리고 이 약속은 가장 중대하고 절대적으로 필요 불가결한 것이라고 아우구스티노 성인은 말한다. "우리가 그리스도 안에 머물러 있겠다고 서약하는 것은 우리의 가장 큰 서원이다." 교회법 학자들도 세례 때의 서약은 "최초이면서 최종적인 약속이다"라고 말한다. 그런데 과연 세례 때에 예수 그리스도께 약속한 것을 지키고 있는가? 세례 때의 약속을 충실하게 지키는 사람은 누구인가? 일반적으로 습관적인 망각 속에 평범하게 살아가는 동안 세례 때에 발한 약속과 맹세를 잊어버리고, 세례에 의해서 하느님과 맺은 계약을 지켜나가지 못하는 것이 사실이다.

128. 이것은 너무나 명백한 사실이었던 까닭에 그리스도인들의 이러한 현실에 대한 대책을 세우기 위해 루이 왕에 의해 소집된 세느 공의회는, 그리스도교의 사회적 도덕적인 타락의 근본 요인이

세례 때의 약속을 잊어버리거나 알지 못하고 사는 데에 있다는 판단을 내릴 지경이었다. 그래서 그 공의회는 이러한 병을 고치는 가장 좋은 방법으로서 영세 때에 약속한 바를 새롭게 갱신하는 도리밖에 없다고 결정지었다.

129. 이 공의회의 결정을 거듭 강조한 트리엔트 공의회의 교리 문답도, 본당 사목자들은 신자들이 우리 주 예수 그리스도께 마치 노예처럼 예속되어 있으며 봉헌되어 있음을 기억하고 믿도록 지도하라고 권장하고 있다.

"본당 신부는 신자들이 우리 구세주이시요 주님이신 분께 노예나 다름없이 영원히 헌신하고 봉헌하는 것이 가장 올바른 일임을 알도록 이치를 들어 권장해야 한다"(트리엔트 공의회 교리 문답 제1편 3장 2절 15항).

130. 그런데 공의회들과 교부들 그리고 지금까지의 경험이 그리스도인들의 난잡한 행실을 고치는 가장 좋은 방법은 그리스도인들로 하여금 세례 때 약속한 의무를 기억하게 하고 그때의 서약을 갱신하도록 일깨워주는 것이라고 가르치고 있다면, 마리아를 통해 주님께 우리 자신을 봉헌하는 이 신심의 실천으로 그것을 더 완전하게 함은 어떠한가? 내가 "완전하게"라고 말하는 것은 주님께 우리 자신을 봉헌함에 있어서 모든 방법 중에서 가장 완전한 방법이 동정 마리아를 통하는 것이기 때문이다.

131. 이 신심이 다른 어떤 새로운 것이라고 반대할 수는 없다. 이 신심이 새로운 것이 아니라는 것은 공의회들과 교부들 및 과거나 현재의 많은 학자들이 주님께 대한 봉헌과 세례 서약의 갱신을 옛날부터 실천하던 것으로 소개하기 때문이며, 모든 그리스도

인들에게 장려해왔다는 점에서 알 수 있다. 그것이 또한 필요 없
는 것이 아니라는 것은 그리스도인들의 부패와 그에 따라오는 영
원한 멸망의 근본 원인이 이 신심 실천에 대한 망각과 무관심에서
오기 때문이다.

132. 어떤 사람들은 이 신심으로 우리의 모든 선행, 기도, 고행
및 자선의 가치를 마리아의 손을 거쳐 예수 그리스도께 바침으로써
우리는 부모나 친구 및 은인들의 영혼을 도울 수 없게 된다고 말할
지도 모르겠다. 이에 대해서 나는 이렇게 대답하겠다. 첫째로, 우
리들이 무조건 예수 그리스도와 마리아를 섬기기 위해 자신을 바
쳤다는 이유로 부모나 친구 및 은인들이 손해를 입는다는 것은 있
을 수 없는 일이다. 이렇게 생각한다면 그것은 오히려 예수님과 마
리아의 능력과 자비를 모욕하는 일이 될 것이다. 예수님과 마리아
께서는 우리가 가지고 있는 어떤 영적인 작은 자산이나, 혹은 다른
방법으로 우리의 부모와 친구, 은인들을 얼마든지 도울 수 있다.
  둘째로, 이 신심은 그 적용이 마리아의 손에 달려 있기는 하지만,
우리가 죽은 사람이나 산 사람을 위해서 기도하는 것을 방해하지
않는다. 오히려 더 큰 신뢰를 가지고 기도하도록 이끌어갈 것이다.
예를 들면, 어떤 부자가 왕에게 존경을 표하기 위하여 자기의 전
재산을 바친 뒤 자기에게 도움을 청하는 자기 친구에게 자비를 베
풀어주십사 하고 왕에게 보다 더 큰 신뢰를 가지고 청하는 것과 같
다. 왕은 자기를 공경하기 위해서 가난해지고, 자기를 부유하게 하
기 위해서 모든 것을 털어 바친 이 사람에게 진심으로 감사를 표할
수 있는 기회가 온 것을 기뻐할 것이 틀림없다. 예수님과 마리아의
경우도 이와 같으니, 예수님과 마리아께서는 감사하는 일에 있어
서 절대로 누구보다도 못하지 않을 것이다.

133. 혹자는 "내가 만일 나의 모든 선행의 가치를 마리아에게 바쳐 마리아가 원하는 사람에게 자유로이 그것을 분배한다면 아마 나는 오랫동안 연옥에서 고통을 겪어야 하지 않겠는가?"라고 반문할지도 모르겠다.

이러한 반문은 하느님과 마리아의 너그러우심을 알지 못하는 무지와 이기심에서 나온 것이다. 자기 자신의 일보다도 하느님의 일을 더욱 중요하게 생각하고, 자기가 가진 모든 것을 더 드릴 수 없을 정도로 남김없이 하느님께 바치며, 마리아를 통해서 예수 그리스도의 영광을 위하고 그리스도의 왕국이 이루어지기만을 바라고, 그 나라를 얻기 위하여 자기 자신을 전적으로 바친 열렬하고 관대했던 영혼이, 다른 영혼들보다도 더 아량이 많고 욕심이 없었던 것으로 인해 저세상에서 더욱 고통을 당해야 한다는 모순이 있을 수 있을까? 절대로 그럴 수는 없다. 다음에 말하겠지만, 우리 주 예수님과 마리아께서 이러한 영혼에 대해서 이 세상이나 저세상에서, 자연계와 은총계 및 영광계에 있어서 대단히 너그러우시다는 것을 알아야 한다.

134. 이제부터 이 신심을 장려하게 된 이유와 이 신심에 충실한 사람들에게 생기게 되는 놀라운 결과와 이 신심의 외적 실천에 대해서 간단히 살펴보려고 한다.

제 2 장
완전한 봉헌에 대한 동기들

첫째 동기: 마리아께의 완전한 봉헌은 곧 하느님을
온전히 섬기는 것이 된다

135. 이 첫 번째 동기는 마리아를 통해서 예수 그리스도께 우리 자신을 봉헌하는 것이 얼마나 훌륭한 일인가를 보여준다.

세상에서 가장 고귀한 직업과 직무를 말한다면 그것은 하느님을 섬기는 일이다.

하느님의 가장 미천한 종일지라도 하느님을 섬기지 않는 세상의 모든 왕과 지배자들보다 더 부유하고 힘 있고 고귀하며, 전적으로 또 무조건 자신과 모든 것을 하느님을 섬기기 위해 바친 하느님의 종들이 갖는 부와 능력과 고귀함은 얼마나 큰가? 이러한 특권은 마리아의 뜻을 따라 충실히 또 모든 사랑을 바쳐 예수 그리스도께 봉사하며 마리아의 손을 통해 "왕 중의 왕"에게 완전히 봉사하고, 자신을 위해서는 아무것도 남기지 않는 종에게 주어진다. 세상의 어떤 황금과 하늘의 그 어떤 아름다움일지라도 이에 비길 수는 없다.

136. 하느님의 영광과 마리아의 영광을 위해 조직되었으면서도 완전한 봉헌은 요구하지 않고 다만 회원들에게 회칙에 따라 신심 행위나 기타 선행을 의무로 규정하는 것으로 만족하고, 그 외의 활동이나 시간은 각자의 자유에 맡기는 신심단체들도 있다. 그러나 완전한 봉헌을 위한 이 신심은 그렇지 않고 우리의 모든 생각, 말, 행동, 고통 및 그 외에 우리 생활의 모든 시간들을 예수님과 마리아에게 하나도 남김없이 바치게 한다. 따라서 이 신심을 명확히 취

소하지 않는 한 자고 있든 깨어 있든, 먹고 있든 마시고 있든, 큰일을 하든 작은 일을 하든, 자기도 모르는 사이에 자기가 하는 모든 것은 봉헌에 의해 예수님과 마리아의 것이 되는 것이다. 이것은 우리에게 얼마나 큰 위로가 되는가?

137. 뿐만 아니라 내가 이미 말한 것처럼 무의식적으로 서서히 스며드는 어떤 자만심으로부터 우리를 쉽게 깨어날 수 있게 하는 신심이란 이 신심 외에는 없다. 우리의 좋으신 예수님은, 우리 선행의 모든 가치를 자기를 생각하지 않고 마리아를 통하여 하느님께 모조리 바치는 영웅적이고 욕심 없는 행동에 대한 보상으로 우리에게 이러한 은총을 주신다. 예수님은 이 세상에서 당신께 대한 사랑을 외적이고 물질적인 덧없는 재물을 버리는 사람에게 백 배로 갚아주시는데(마태 19, 29) 하물며 내적이고 영적인 재물을 하느님께 바치는 사람에게야 더 큰 보답을 주시지 않겠는가!

138. 우리의 훌륭한 벗이신 예수께서는 육신과 영혼, 덕행, 은총, 그리고 공로들을 하나도 남김없이 우리에게 주셨다. "그분은 당신 존재 전체로써 나의 모두를 사셨다"라고 성 베르나르도는 말한다. 그러므로 우리가 그분께 드릴 수 있는 모두를 그분께 드리는 것이 바로 정의와 감사를 표하는 태도가 아니겠는가? 그분이 먼저 우리에게 관대하셨으므로 이제는 우리도 관대해지자. 그러면 우리가 살아있는 동안이나 죽었을 때 그리고 영원무궁세에 우리는 그분이 보다 더 관대해지심을 발견하게 될 것이다. "당신께 관대한 사람에게 그분도 관대해지실 것이다."

둘째 동기: 이 신심은 예수 그리스도와 거룩한 삼위 하느님의 모범을
본받게 하고 겸손을 실천하게 한다.

139. 둘째 동기는 예수 그리스도께 더욱 완전히 속해 있기 위
하여 이 신심의 실천으로 거룩한 동정녀께 전적으로 자신을 봉헌
하는 것이 그 자체로서도 옳고 그리스도인들에게도 유익하다는 것
을 보여준다.

이 착한 스승이신 예수께서는 포로로서 그리고 사랑스런 노예로
서 거룩한 동정녀의 자궁 안에 당신이 갇혀 사는 것을, 그리고 후
에는 30년 동안 동정녀에게 복종하고 순명하는 것을 모욕으로 여
기지 않으셨다. 거듭 말하지만, 거룩한 동정녀의 몸을 통하지 않
고서 바로 인간으로 오실 수 있는데도 불구하고, 동정녀 마리아의
몸을 취하여 강생하신 이 '지혜'께서 하신 이 행동을 깊이 생각해볼
때 우리는 도저히 이해할 수 없게 된다. 그분은 다른 사람들에게서
독립된 완전한 성인의 나이로 세상에 오지 않으시고, 오히려 이 거
룩한 어머니의 보호와 도움에 의지해야 하는 한 가난한 아기로 오
기를 원하셨다. 당신의 아버지 하느님을 영광스럽게 하고 사람들
을 구원하고자 하는 무한한 욕망을 가졌음에도 불구하고, 강생하
신 지혜께서는 그것을 이루는 데 있어 다른 아이들처럼 당신 생애
의 여덟 살, 열 살 혹은 열다섯 살 동안만이 아니라 서른 살에 이르
도록 동정녀에게 모든 것에 있어 복종하는 것보다 더 쉽고 완전한
방법을 발견치 못하셨다. 그분에게 기적을 행하고 전 세계로 복음
을 전하고 모든 사람들을 회개시킬 수 있는 30년의 시간이 주어졌
다 하더라도, 그 기간 동안 그분이 행하시고 하느님께 영광을 드렸
을 그 모든 일보다도 오히려 마리아에게 순종하고 의존하셨던 그
모든 시간 동안 당신의 아버지 하느님께 드린 영광이 더욱 크다.
오, 예수님의 이러한 모범을 따라 우리도 우리 자신을 마리아께 복

종시킨다면 하느님을 영광스럽게 드높이는 것이 되지 않겠는가!

그런데 온 세상에 널리 알려지고 쉬운 이러한 모범을 우리 눈앞에 두고서도, 우리가 마리아의 아드님의 모범을 따라 마리아께 우리 자신을 복종시키는 것보다 하느님을 영광스럽게 하는 더욱 쉽고 완전한 다른 방법을 생각하려고 함은 너무나 어리석은 일이 아닌가?

140. 우리가 마리아께 속해 있어야 한다는 증거로서 우리는 성부와 성자와 성령께서 주시는 그 본보기들을 거론하면서 내가 위에서 말했던 것을 여기서 상기하도록 하자. 하느님 아버지께서는 마리아를 통하지 않고서는 당신 아드님을 주지 않으셨고 주려고 하지도 않으셨다. 성자는 마리아를 통하여 전 세계를 위해서 사람이 되셨고, 성령과의 일치에 의해 마리아에 의해서만 매일 각 영혼 안에서 새로 형성되신다. 또 마리아를 통해서만 당신의 공로와 성덕을 나누어주신다. 성령께서는 마리아를 통해서만 예수 그리스도를 탄생시키시고, 마리아에 의해서 신비체의 지체들을 만드시며, 마리아를 통해서만이 그분은 당신의 선물과 은총을 나누어주신다. 이처럼 거룩한 삼위의 하느님께서 확고한 모범들을 우리에게 주셨기에 우리는 마리아께 지극히 맹목적인 복종을 드리지 않을 수 없으며, 마리아께 우리 자신을 봉헌하지 않을 수 없다. 그러니 하느님께 나아가고 하느님께 우리 자신을 희생으로 바치려는 목적을 위해 마리아께 의지하지 않을 수 있겠는가?

141. 위에서 언급한 내 말을 증명하기 위해 교부들의 말씀들을 인용하겠다.

"마리아에게는 두 아들이 있는데, 하느님이시요 사람이신 예수 그리스도와 순수한 우리 인간이다. 마리아는 전자에게는 육신적인 어머니가 되고, 후자에게는 영적인 어머니가 된다"(성 보나벤투라와 성 오리게네스).

"우리가 모든 것을 성모 마리아를 통해서 얻게 되기를 바라신 것은 하느님의 뜻이다. 그러므로 우리가 어떤 희망과 은총과 어떤 유익한 은혜를 입는다면, 그것은 마리아를 통해서 흘러나온다는 것을 우리는 안다"(성 베르나르도).

"성령의 선물과 덕행과 은총은 마리아의 손을 통해서, 마리아께서 원하시는 사람에게, 마리아께서 원하는 때에, 마리아께서 원하는 방법으로, 마리아께서 원하는 만큼 분배된다"(성 베르나르디노).

"우리는 하느님의 은총을 받을 만한 자격이 없었으므로 하느님의 은총이 마리아에게 주어졌고, 그러므로 우리가 받을 것은 무엇이든지 마리아를 통해서 받아야 한다"(성 베르나르도).

142. 베르나르도 성인의 말에 의하면, 하느님의 은총을 직접 받기에는 우리가 너무나 부당하다는 것을 아시는 하느님께서는, 우리에게 주시려고 생각했던 모든 은총들을 마리아를 통해서 받게 하시고자 그것을 마리아에게 주신 것이다. 또한 하느님께서는 당신의 은혜에 대해 우리가 보답하려는 감사와 존경과 사랑도 마리아를 통해서 받으시는 것을 영광으로 여기신다. 그러므로 "은총은 그것이 왔던 것과 똑같은 통로를 통해서 그것을 주신 분에게로 돌아가야만 한다"는 베르나르도 성인의 말씀처럼, 우리는 은총이 그것이 왔던 것과 똑같은 통로에 의해 그것을 주신 분에게 되돌아가도록 하기 위해서 하느님의 이 같은 행동을 본받아야만 하는 것은 지극히 당연한 일이다. 이것은 우리를 봉헌하는 이 신심으로 이루어진다. 즉 우리가 마땅히 하느님께 드려야 할 감사와 영광을 중개자로서의 마리아를 통해 하느님께서 받으시도록 하기 위해, 우리의 존재 전체와 우리가 가진 모든 것을 마리아에게 바치며 봉헌하는 것이다. 우리는 우리 스스로의 힘만으로는 지극히 무한하신 하

느님께 가까이 가기에는 너무나 부당하고 무능하기 때문에 마리아의 중개가 필요하다.

143. 더욱이 이 신심은 하느님께서 다른 어떤 덕보다도 더 사랑하시는 위대한 겸손의 덕을 내포하고 있다. 스스로를 들어 높이는 영혼은 하느님을 깎아내리고, 스스로를 낮추는 영혼은 하느님을 들어 높이는 것이 된다. "하느님께서는 교만한 자를 물리치시고 겸손한 사람에게 은총을 주신다"(야고 4, 6). 만일 우리가 하느님 대전에 나타나서 하느님께 가까이 가기에는 부당하다고 생각하고 자신을 스스로 낮추면, 너그러우신 하느님께서는 우리에게 내려오셔서 흡족한 마음을 가지시고 우리에게로 낮추신다. 반대로 만일 우리가 뻔뻔스럽게도 중개자 없이 하느님께 가까이 가려고 하면, 하느님께서는 우리로부터 멀리 달아나시기에 우리는 도저히 하느님께 도달할 수 없다. 오, 그분이 얼마나 우리 마음의 겸손을 사랑하시는지를 우리가 안다면! 이 신심이 우리에게 권하는 것도 다름 아닌 겸손이다. 이 신심이 우리에게 가르치는 것은 하느님께서 아무리 온유하고 자비로우시더라도 우리의 힘만으로 직접 그분께 가까이 나아가서는 결코 안 되며, 하느님 앞에 나아가거나 그분에게 말씀을 드려야 할 경우 또는 그분과 일치하고 그분에게 자신을 바치기 위해서, 우리는 언제나 우리의 중개자이신 마리아를 모셔야 한다는 것이다.

셋째 동기: 이 신심은 마리아의 보살핌을 받게 해준다

144. 온유와 자비의 어머니이시고 사랑과 너그러움에 있어 아무도 능가할 수 없는 마리아께 우리가 당신을 꾸며 드리기 위해서 우리에게 귀중한 모든 것을 버리면서 당신을 공경하고 섬기기 위

해 마리아에게 자신을 전적으로 바치는 것을 보시면, 마리아께서도 놀라운 방법으로 당신 자신을 그 사람에게 주신다. 마리아께서는 그 사람을 당신의 은총 속에 잠겨들게 하시고, 당신의 공로로 아름답게 꾸미시며, 당신 능력으로 도와주시고, 당신 빛으로 비추시며, 당신 사랑으로 가득 채워주시고, 당신의 겸손과 신앙과 순결 등의 덕행들을 전해주신다. 예수 그리스도 앞에서는 그 사람을 위한 보증인이 되어주시며, 대리자가 되어주시고 그의 모든 것이 되어주신다. 마리아께 봉헌된 사람이 전적으로 마리아의 모든 것인 것처럼 마리아께서도 그의 모든 것이 되시며, 따라서 복음사가 성 요한이 마리아를 자기 집에 모시고서 "그 제자는 마리아를 자기 집에 모셨다"(요한 19, 27)고 자기 자신에 대해 말했던 것처럼 우리도 마리아의 완전한 종이며 자녀라고 말할 수 있겠다.

145. 만일 그 사람이 충실하다면 그는 자기 영혼 안에서 자신에 대한 불신과 업신여김과 미움을 가지게 되는 반면에, 사랑하는 여주인이신 복되신 동정 마리아에 대해서는 지극한 신뢰와 완전한 봉헌의 마음을 갖게 될 것이다. 이제부터 그는 종전처럼 자신의 결심, 생각, 공로, 덕행과 선행을 신뢰하지 않을 것이다. 이것은 그가 이미 자신의 전부를 마리아를 통해서 예수 그리스도께 바쳤기 때문이며, 이제 그가 가지고 있는 것이라곤 자신의 모든 보물을 담아 놓은 보고寶庫, 즉 마리아뿐이다.

이렇게 된 후에 그는 비굴함이나 어떠한 두려움도 없이 예수 그리스도께 접근할 수 있게 되고, 굳은 신뢰를 가지고 기도하게 되며, 신심이 깊고 학덕이 높은 루페르트 수도원장과 같은 감정을 갖게 된다. 그는 야곱이 천사와 씨름을 하여 얻은 승리를(창세 32, 24-25 참조) 마리아께 대한 찬사로 바꾸어서 이렇게 말하였다. "오, 하느님이시며 사람이신 예수 그리스도의 티없이 깨끗하신 어머니시며 여왕이신 마리아님, 저는 사람이 되신 말씀과 씨름하고자 하며, 그러나 저의 힘이나 공로로 무장하지 않고 오직 하느님의 어머니가 되신 당신의 간절한 기도와 공로로써만 무장하여 싸우고자 하나이다."

아! 아우구스티노 성인의 말과 같이, 사랑으로 전능하신 분을 차지하신 하느님의 어머니 마리아의 중개와 공로로 우리가 무장했을 때, 우리는 예수 그리스도 앞에서 강력하고 힘 있게 되지 않겠는가!

146. 이 신심에 의해서 우리의 모든 선행을 마리아의 손을 통해서 하느님께 바친다면, 마리아는 그것을 정화시켜주시고 아름답게 꾸미셔서 당신 아드님의 마음에 들게 해주신다.

첫째, 마리아는 이기심의 더러움과, 우리의 선행에 서서히 스며드는 피조물에 대한 애착을 깨끗이 씻어 우리의 선행들을 순수한 것이 되게 해주신다. 우리의 모든 선행들이 정결하고 축복된 마리아의 손에 들어가면, 우리가 바친 것 중에서 불완전한 것과 불결한 것은 모두 깨끗이 정화된다. 왜냐하면 마리아의 손은 항상 깨끗하고 부지런하여, 마리아의 손에 닿는 것은 무엇이든지 깨끗이 정화되기 때문이다.

147. 둘째, 마리아는 우리의 선행을 당신의 공로와 덕행으로 장식하여 아름답게 하신다. 마치 한 농부가 왕의 우정과 호의를 얻기 위해 자신이 애써 가꾼 사과를 왕후에게 가지고 가서, 그것을 왕에게 바치게 하는 것과 같다. 그러면 왕후는 농부의 이 보잘것없는 작은 선물을 아름다운 금쟁반에 담아 농부의 선물이니 받아주십사고 왕에게 갖다 바칠 것인데, 그때 그 자체로 보아서는 농부가 바치는 선물이 왕에게 어울리지 않지만 그 사과가 담겨있는 금쟁반의 가치와 그것을 갖다 바치는 왕후의 품위로 말미암아 그것은 엄

위한 왕에게 드리는 훌륭한 선물이 될 것이다.

148. 셋째, 마리아는 우리의 선행들을 예수 그리스도께 바치신다. 마리아는 우리가 당신께 바친 것을 하나도 자신의 것으로 남겨 두지 않으시고 그 전부를 예수 그리스도께 충실히 바치신다. 그러므로 마리아께 바치는 것은 필연적으로 예수 그리스도께 바친 것이 되는 셈이다. 또 마리아를 찬미하고 영광되게 한다면, 마리아께 서는 즉시 예수 그리스도를 찬미하고 영광되게 하신다. 일찍이 엘리사벳 성녀가 마리아를 찬미했을 때 그러셨던 것처럼, 지금도 우리가 마리아를 찬양한다면 마리아는 "내 영혼이 주님을 찬양하며"(루카 1, 46) 하고 즐겨 노래하신다.

149. 넷째, 우리의 선행이 지극히 거룩하시고 왕 중의 왕이신 예수 그리스도께 대한 선물로서는 너무나 작고 미약한 것이지만, 마리아의 손으로 바쳐질 때에는 예수 그리스도께서 즐겨 받으신다. 그러나 만일 어떤 사람이 자기 자신의 노력과 기질에 의지하여 그것을 직접 예수 그리스도께 바친다면, 예수께서도 그 선물(선행)을 일일이 검사하실 것이며, 그 선물에 이기심의 흠집이 있다는 이유로 자주 내치실 것이다. 마치 옛날에 유다인들이 바치는 제사를 자만심이 가득 찼다는 이유로 받아들이지 않으신 것과 같다. 그러나 만일 그분의 극히 사랑하올 동정 어머니의 정결한 손을 빌려 바친다면, 이 같은 표현이 허락된다면, 그것은 예수님의 약점을 잡는 것이 되는데, 그분은 마음이 누그러져서 그 사람이 바친 선물은 보시지 않고 그것을 바치는 사랑하올 어머니만 주시하시며, 그 선물이 누구의 것인가는 알려고 하지 않으시고 그 선물을 직접 바치는 사랑하올 어머니를 보시고는 거절하지 않으실 것이다. 즉 예수님은 당신이 항상 즐겨 환영하는 착한 어머니가 바치는 선물은 크고

작음을 상관치 않으시며 절대로 거절하는 법 없이 즐겨 받아들이
신다. 베르나르도 성인이 완덕을 희망하는 사람들에게 준 훈계도
바로 이것이었다.

"만일 하느님께 무엇을 바치려고 할 때 거절당하지 않으려거든
지극히 기분 좋고 지극히 품위 있는 마리아의 손을 반드시 거치도
록 하여라!"

150. 세상에서도 미소한 자가 귀한 이들 앞에 나설 때 그러하지
않는가? 그런데 하물며 무한히 위대하신 하느님 앞에서 한낱 티끌
보다 못한 우리가 하느님께 대하여 그러하도록 은총이 우리를 인도
하는 것은 당연한 것이 아니겠는가? 그러므로 아직 한 번도 거절당
한 적이 없는 유능한 변호자이고, 하느님 뜻에 의합하는 모든 비결
을 알고 있는 재치 있고 총명한 분이며, 보잘것없이 비천한 사람이
라도 절대 거절하지 않는 선량하고 자애로운 분, 그분을 우리는 우
리의 유일한 대변자로 모셔야 하는데 그분은 바로 마리아이시다.

나는 뒤에 가서 야곱과 레베카의 이야기를 비유로 들어 이 진리
들의 참모습을 이야기할 것이다.

넷째 동기: 이 신심은 하느님께 더 큰 영광을 드리는
　　　　　최상의 방법이다

151. 우리가 이 신심을 충실히 실행한다면 이는 우리의 모든 선
행이 하느님께 보다 큰 영광이 되도록 하는 훌륭한 수단이 된다. 모
든 것을 하느님의 영광을 위하여 해야 할 의무가 인간에게 있는데
도 불구하고, 이러한 숭고한 목적에서 행동하는 사람이 많지 않음
은 하느님의 보다 큰 영광이 어디에 있는지 모르거나 혹은 그 영광
을 바라지 않는 데에 있다. 그러나 우리의 모든 공로를 바쳐 온 마

리아께서는 하느님의 최대의 영광이 어디에 있는지를 잘 알고 또 모든 것을 그분의 영광을 위해서 하시므로, 마리아에게 자신을 완전히 봉헌한 "마리아의 종"은 자신의 봉헌을 의식적으로 철회하지 않는 한 모든 행동과 생각과 말이 하느님의 보다 큰 영광을 위하여 쓰인다고 단호히 말할 수 있다. 사심이 없는 순수한 사랑으로 하느님을 사랑하고 오로지 하느님의 영광과 하느님의 뜻만을 따르는 사람에게 있어서 어찌 이보다 더 큰 위로가 있겠는가?

다섯째 동기: 이 신심은 우리를 주님과의 일치에 이르게 해준다

152. 이 신심은 그리스도인들의 완덕인 그리스도와의 일치에로 이끄는 쉽고, 빠르고, 완전하고, 안전한 길이다.

이 신심은 쉬운 길이다

이 신심은 쉬운 길이다. 이 길은 예수 그리스도께서 친히 우리에게 오시면서 닦아놓으신 길이고, 우리가 예수 그리스도께로 나아가는 데에 아무런 장애가 없는 길이다. 물론 하느님과의 일치에로 나아가는 데에 있어서 다른 길도 있기는 하지만, 거기에는 수많은 어려움이 있고 숨은 십자가가 가로놓여 있어 중도에 극복하기 힘든 난관에 부딪히고 말 것이다. 어두운 밤을 헤치고 불안에 찬 싸움과 죽음의 공포를 겪고, 험준한 산을 넘는가 하면, 날카로운 가시밭을 지나 무서운 황야를 걸어가야 할 것이다. 그러나 우리가 걸어가는 마리아의 길은 평탄하고 넓은 길이다.

물론 이 마리아의 길에도 치러야 할 어려운 싸움과 극복해야 할 고난도 있겠으나, 마리아는 항상 "충실한 종" 곁에 가까이 지켜서서 그들의 어둠을 밝히시고 그들의 의혹을 풀어주시며, 그들이 두

려워할 때에는 용기를 불어넣어주시고 어려움과의 싸움에서 그들을 지켜주신다. 그러므로 예수 그리스도께로 나아가는 이 동정 마리아의 길은 다른 길에 비해서 참으로 아름다운 장미와 감미로운 꿀의 길이라고 해도 무방할 것이다. 비록 적은 숫자이지만 성 에프렘, 다마스커스의 성 요한, 성 베르나르도, 성 베르나르디노, 성 보나벤투라, 성 프란치스코 하비에르 등의 성인들은 이 안전한 길을 택하여 걸어갔다. 그것은 마리아의 배필이신 성령께서 특별한 은총으로 이들에게 이 길을 가르쳐주셨기 때문이다. 그러나 다른 많은 성인들은 모두 다 같이 마리아를 공경했을지라도, 이 길을 전혀 걷지 않았거나 혹은 조금밖에 발을 들여놓지 못했다. 그렇기 때문에 그들은 더욱 어렵고 험난한 시련을 겪어야 했다.

153. 마리아의 충실한 종들 가운데 어떤 이들은 "마리아를 그다지 공경하지 않는 사람들보다도 오히려 더 많은 고통을 겪어야 하는 이유는 무엇인가?" 하고 질문할지 모른다. "그들은 사회에서 박해받고, 중상모략당하고, 고통을 겪지 않는가?" 혹은 "그들은 한 방울의 천상 이슬도 내리지 않는 어둡고 황량한 사막을 걸어가지 않는가?"라고 물을지 모른다. "마리아에의 신심이 예수 그리스도께 나아가는 길을 안전하게 만들어준다면, 어째서 마리아 신심가들이 이토록 무거운 십자가를 져야 하는가?" 하고 말이다.

154. 나는 이에 대해서 다음과 같이 대답한다. 마리아로부터 지극한 사랑을 받는 충직한 마리아의 종들은 마리아에게서 가장 큰 은총들과 천상적 은혜들을 받는데, 그것이 바로 십자가들이라는 사실이다. 그러므로 마리아의 종들은 이 십자가들을 더욱 쉽고, 또 더 큰 영광과 공로를 생각하며 짊어져야 한다고 나는 주장하는 바이다. 다른 사람이라면 몇 번이든지 발걸음을 멈추거나 넘어질 경

우에도 마리아의 종들은 한 번도 멈추게 하지 못하고 그들을 계속 앞으로 나아가게 하는데, 이는 은총을 충만히 입고 성령의 기름을 듬뿍 받으신 마리아께서 모성적인 따스함과 감미롭고 순수한 사랑의 기름으로 그들이 지고 있는 모든 십자가를 가볍게 해주시기 때문이다. 그래서 그들은 그 십자가의 고난이 아주 쓰라릴지라도 설탕에 절인 호두를 먹듯이 이 쓴 약을 즐거이 삼킨다. 신심이 깊어지기를 원하고 예수 그리스도의 뜻을 따라 성실히 살아가고자 하며 또한 박해를 당하면서도 매일 자신의 십자가를 꿋꿋이 지고 가기를 원하는 사람이라도, 마리아께 대한 신심 없이는 큰 십자가들을 결코 기꺼이 짊어지고 가지 못할 것이다. 왜냐하면 십자가를 달고 가볍게 해주는 마리아의 신심이 없기 때문이다. 이는 설익은 과일을 먹을 때 설탕을 곁들이면 한결 먹기가 좋은 것과 같다.

이 신심은 빠른 길이다

155. 마리아께 대한 이 신심은 예수 그리스도를 찾아내는 빠른 길이다. 이 길을 걸으면 어긋나지 않고, 위에서 말한 것처럼, 훨씬 즐겁고 쉽게 더욱 빨리 나아갈 수 있다. 마리아의 종이 되어 마리아께 의탁하면 자기 뜻대로 수년이 걸려서 목적지에 도달하는 것보다 훨씬 더 빨리 가게 된다. 마리아에게 순종하는 사람은 모든 원수를 물리쳐 이기는 빛나는 승리를 거둘 것이기 때문이다. 사실 그의 원수들은 앞으로 나아가는 그를 방해할 것이며 뒤로 물러서게 하거나 혹은 걸려 넘어지게 하려고 애쓸 것이다. 그러나 마리아의 후원과 도움 그리고 인도를 받으면, 넘어지지 않고 물러서지도 않으며 지체치 않고 오히려 큰 발걸음으로 예수 그리스도께서 우리에게 내려오신 바로 그 길로 예수 그리스도께로 나아가게 된다.

156. 그대는 왜 예수께서 이 세상에서 그렇게도 짧은 기간만을 사셨고, 더욱이 그 기간 동안에도 거의 대부분을 당신의 어머니께 복종하고 순종하는 데 보내셨다고 생각하는가? 그것은 그분이 짧은 시간 내에 완전해지셨고(지혜 4, 13 참조), 아담이 지은 죄를 기워 갚기 위해 오신 그분은 비록 아담은 900살 이상을 살았지만 아담보다 더 오래 사셨기 때문이다. 확실히 예수님께서는 오래 사신 게 틀림없다. 왜냐하면 첫째로, 성부께 순종하기 위해서 어머니이신 마리아와 완전히 일치한 가운데 순종하면서 사셨기 때문이다. 그리고 자기 어머니를 공경하는 사람은 보화를 쌓는 사람과 같다고 성령께서 말씀하시기 때문이다. 즉 그분의 어머니 마리아를 공경하여 마리아에게 자신을 완전히 의탁하며 무슨 일이든지 그분에게 순종하는 사람은, 이 신비의 길을 따라 매일매일 보화를 쌓는 부자가 될 것이다. "자기 어머니를 공경하는 것은 보화를 쌓아 올리는 것이다"(집회 3, 4).

둘째로는, "내 늙음은 하느님 가슴의 자비 안에 있다"(시편 91, 11)는 영감받은 말씀에 대한 영적인 해석에 따라, 완전한 사람을 둘러싸고 있고 낳았으며, 온 우주가 그 안에 담지도 못하고 이해할 수도 없었던 분은 자신 안에 지닐 능력을 가졌던 것은 다름 아닌 마리아의 가슴이었다. 다시 말하면, 마리아의 가슴 안에서 젊은이들은 빛과 거룩함과 경험과 지혜를 지닌 성숙한 어른이 되고, 몇 해 안 되는 동안에 우리는 예수 그리스도의 충만한 나이에 이르기 때문이다.

이 신심은 완전한 길이다

157. 마리아께 대한 완전한 봉헌인 이 신심은 예수 그리스도께 나아가고 예수님과 일치하기 위한 완전한 길이다. 그것은 마리아께서 모든 피조물 가운데서 가장 완전하고 거룩한 분이시기 때문이며, 우리에게 가장 완전하게 오신 예수 그리스도께서 당신의 위대하고 놀랄 만한 여행을 위해 바로 이 길을 택하셨기 때문이다. 지존하시고 무한하시며 감히 가까이 갈 수 없는 분께서 아무것도 아닌 땅의 벌레와도 같은 우리에게 오시고자 하셨다. 어떻게 이런 일이 일어날 수 있었는가? 지존하신 분께서는 당신의 천주성과 거룩함은 조금도 잃음이 없이 겸손한 마리아를 통하여 완전하고 거룩하게 우리에게 내려오셨다. 그리하여 마리아를 통하여 가장 보잘것없는 자들이 어떠한 두려움도 없이 완전하고 거룩하게 지존하신 분께로 올라갈 수 있게 되었다. 무한하신 분께서는 당신의 무한함을 조금도 잃지 않은 채 보잘것없는 마리아에 의해 이해되고, 보잘것없는 마리아 안에 있게 되기를 당신 스스로 허락하셨다. 그래서 우리들 역시 조금도 남김없이 완전히 우리 자신을 마리아 안에 들어가게 하고 완전히 인도되도록 해야만 하는 것이다. 우리가 감히 가까이 갈 수 없는 분께서는 당신의 위엄을 조금도 잃음 없이 마리아를 통하여 우리에게 가까이 오셨고, 당신 스스로 우리 인류와 너무도 긴밀하고 완전하게 위격적으로 하나가 되셨다. 그래서 우리들 역시 거절당하리라는 두려움 없이 마리아를 통하여 하느님께 가까이 가야만 하고, 그분의 엄위하심에 우리 자신을 완전하고 긴밀하게 일치시켜야 한다.

끝으로, 스스로 존재하는 분이 존재하지 않는 곳에 오셔서 그 존재하지 않는 것으로 하여금 존재하는 분이 되게 하고자 하셨다. 영원으로부터 존재하시는 그분은 시간에 의해 제한됨이 없이 어린 동정 마리아에게 당신 자신을 완전히 예속시키고 맡김으로써 위에서 말한 그것을 완전히 이루셨다. 그러므로 이와 같은 방법으로, 아무것도 아닌 하찮은 존재인 우리들도 우리 자신으로서는 아무것도 아니지만 마리아 안에서는 모든 것이 될 만큼 완전하고 전적으로 마리아에게 우리 자신을 맡김으로써 은총과 영광에 의해 하느님을 닮을 수 있게 되는데, 이는 바로 마리아 때문이다.

158. 만약 누군가가 예수께로 가는 새로운 길을 하나 만들어 그 길을 성인들의 모든 공로들로 포장하고, 영웅적인 모든 덕행들로 그것을 꾸미고, 천사들의 모든 빛과 아름다움들로 그것을 비추고 아름답게 하며, 모든 천사들과 성인들이 거기 있으면서 그 길을 걸어가려는 이들을 인도하고 보호하고 부축해준다고 하더라도, 그럼에도 불구하고 나는 진실로 말하건대 이 새롭고 완전한 길보다는 마리아의 티없는 길을 택할 것이다. "그분은 내 길을 흠없이 해주셨다"(시편 18, 33). 그 길은 얼룩이나 흠이 없고, 원죄나 본죄도 없으며 그늘이나 어둠이 없는 길이다. 나의 사랑하올 예수님께서 지상을 통치하기 위하여 그분의 영광에 싸여 지상에 두 번째로 오실 때에는, 그분이 처음에 오실 때 그렇게도 확실하고 그렇게도 완전하게 마리아를 통해서 오셨듯이 마리아 아닌 다른 길을 이 두 번째 여행을 위해 선택하시는 일은 결코 없으실 것이다. 그러나 그분의 첫 번째 오심과 마지막 오심, 이 둘 사이에는 어떤 차이점이 있을 것이다. 첫 번째로 오실 때 그분은 비밀에 싸여 있었고 감추어져 있었지만, 두 번째에는 영광스럽게 그리고 찬란하게 오실 것이다. 하지만 이 두 번 다 그분은 완전하게 오실 것인데, 왜냐하면 그분은 이 두 번 다 마리아를 통해서 오실 것이기 때문이다. 아! 바로 여기에 우리가 도저히 이해할 수 없는 신비가 있는 것이다. "모든 혀들은 이것에 대해 잠자코 있을지어다!"

이 신심은 안전한 길이다

159. 마리아께 대한 이 신심은 또한 예수 그리스도께 이르고 그분께 우리 자신을 일치시킴으로써 완전함을 획득하기 위한 안전한 길이다.

1. 이 신심은 안전한 길이다. 왜냐하면 내가 가르치는 이것이 새로운 것이 아니기 때문이다. 성덕의 향기를 풍기며 얼마 전에 선종한 부동Boudon 신부가 이 신심에 관해 썼던 책에서 말한 것처럼, 이 신심은 너무나 오래 되어서 이것이 시작되었던 때를 정확히 알지 못할 정도이기 때문이다. 그럼에도 불구하고 교회 안에서 발견되는 흔적에 의하면 이 신심의 기원은 700년 이상 되었음이 확실하다.

1040년경에 생존했던 클뤼니 수도회 원장 성 오딜롱Odilon의 전기에 기록되어 있듯이, 그는 프랑스에서 이 신심을 공적으로 실천했던 최초의 인물들 중의 한 사람이다.

베드로 다미아노 추기경(편주. 1828년에 레오 12세 교황에 의해 교회 박사로 선포됨)은, 그의 형인 복자 마리노Marino가 1016년에 매우 교훈적인 태도로 자신의 지도자 앞에서 자기 자신을 복되신 동정녀의 노예로 드렸다고 말한다. 그는 목에 밧줄을 매고 채찍을 들고서 마리아께 자신을 바치고 봉헌한다는 표지로 약간의 돈을 제대 위에 올려놓았다. 그리고 그는 이 봉헌을 자신의 일생에 걸쳐 너무나도 충실하게 지속하였으며, 마침내 죽을 때에는 그의 '좋으신 여주인'의 방문과 위로를 받았고 그의 봉사에 대한 상급으로 천국에 대한 약속을 그 '착한 여주인'의 입을 통해 받기까지 하였다.

체사리우스 볼란두스Caesarius Bollandus는 루뱅의 어느 공작의 친척인 유명한 기사 보티에르 드 비르박Vautier de Birbac에 관해 말하고 있는데, 비르박은 이미 약 1300년경에 복되신 동정 마리아께 자기 자신을 봉헌했다.

이 신심은 17세기에 이르러서는 각 개인에 의해 행해졌으며 그때 이 신심은 대중적인 것이 되었다.

160. '포로들의 구원을 위한 수도회'라는 이름으로 알려져 있고 동시에 필립 3세 왕의 설교자였던 삼위일체 수도회의 시몬 데로야스 신부는 스페인과 독일에 이 신심을 널리 보급시켰으며, 필립 3세의 요청에 의해 그레고리오 15세 교황으로부터 이 신심을 실천하는 자들을 위한 대사를 얻어내었다.

아우구스티노회의 로스 리오스 신부는 자신의 절친한 친구인 시몬 데 로야스 신부와 함께 설교와 저술 활동을 통해 스페인과 독일 전역에 걸쳐 이 신심을 널리 보급하는 데 몰두하였다. 그는 《마리아의 교계제도Hierarchia Mariana》라는 두꺼운 책을 썼는데, 거기서 그는 이 신심이 오래 되고 훌륭하며 견실하다는 점을 대단히 경건하게 다루고 있다.

161. 17세기에 들어 테아틴Theatine회의 신부들은 이탈리아의 시칠리와 사보이에서 이 신심을 전하기 시작하였다.

예수회의 스타니슬라우스 팔라치우스 신부는 폴란드에서 보다 더 훌륭하게 이 신심을 발전시켰다.

위에서 언급한 로스 리오스Los Rios 신부는 이 신심을 받아들였던 여러 다른 왕국들의 왕들과 왕후들, 주교들과 추기경들의 이름을 제시하고 있다.

깊은 학문에 있어서나 신앙심에 있어 한결같이 존경받을 만한 코르넬리우스 아 라피데Cornelius à Lapide 신부는 여러 주교들과 신학자들에게서 이 신심에 대한 연구를 위임받아 충분히 연구한 결과, 깊은 신앙심으로 이 신심을 찬양했으며 다른 많은 저명인사들도 그의 모범을 따랐다.

성모님을 위한 봉사에 언제나 열성적인 예수회 사제들도 쾰른 신심회의 이름으로, 당시 쾰른의 대주교였던 바이에른의 페르디난트 공작에게 이 신심에 관한 소책자를 쾰른의 예수회 회원들의 이름으로 기증했다. 페르디난트 주교는 그것을 인준하여 인쇄 허락을 주었고, 할 수 있는 한 이 참다운 신심을 널리 보급하도록 자신의 교구 내의 모든 사제들과 수도자들에게 권고했다.

162. 모든 프랑스 사람들의 추억에 남아있는 베륄 추기경은 악평가들과 자유신앙주의자들의 비방과 박해에도 불구하고 프랑스 전역에 걸쳐 이 신심을 열렬하게 전파하였다. 반대자들은 이 신심을 사교나 새로운 종교라고 그를 미신자나 혁신파로 비난하고 중상하는 글을 써서 내붙이는 등 마치 악마처럼, 그가 프랑스에서 이 마리아 신심을 보급하는 것을 방해하려고 갖은 책략을 다하였다. 그러나 살아있는 성인이었던 그는 오직 인내와 짤막한 글로써만 그들의 비방을 반박했을 뿐이었는데, 이 글은 반대자들의 의문을 신랄하게 반박하고 있다. 즉 이 신심은 예수 그리스도의 모범을 따라서 그분에 대한 우리의 의무와 세례 때에 행한 서약에 기초를 두고 있음을 보여주었다고 한다. 특히 그는 마리아께 대한 봉헌과 마리아를 통하여 예수 그리스도께 바치는 이 봉헌은 바로 세례 서약과 그 약속의 완전한 갱신임을 강조함으로써, 반대자들의 입을 다물게 하였다. 그는 확실히 이 신심에 대해서 좋고 아름다운 점을 많이 알고 있었다.

163. 앞서 말한 신학자 부동 신부의 저서에서는, 이 신심을 찬성한 교황들과 이 신심을 분석하고 실천한 신학자들을 볼 수 있고, 또한 이 봉헌의 신심이 극복한 온갖 박해와 이 신심을 옹호하며 받아

들인 수많은 사람들도 볼 수 있으며, 일찍이 단 한 분의 교황도 이 신심을 거부한 적이 없었음을 알 수 있다. 이는 사람들이 이 신심을 가톨릭 교회의 기초라고 생각해왔기 때문이다. 결국 이 신심은 새로운 것은 아니지만 이 신심이 많은 사람들에게 널리 보급되지 않음은, 이 신심이 너무나 귀중한 것이어서 많은 사람들이 이 신심의 정당한 가치를 제대로 평가하지 못하고 실천하지 않기 때문이다.

이 신심은 하느님께로 나아가는 확실한 길이다

164. 2. 이 신심은 예수 그리스도께로 가는 안전한 수단이다. 왜냐하면 우리를 영원하신 아버지께로 확실하게 인도하는 것이 예수 그리스도의 가장 뚜렷한 특성이듯이, 또한 예수 그리스도께로 우리를 안전하고 확실하게 인도하는 것은 마리아의 가장 뚜렷한 특성이기 때문이다. 그러므로 영성에 진보한 이들이 하느님과 일치하는 데 있어 마리아가 방해가 될 수 있다는 잘못된 믿음을 가져서는 안된다. 일반적으로 전 인류를 위하여 그리고 우리 개개인을 위하여 하느님 앞에서 은총을 얻어내는 마리아께서, 각각의 영혼이 하느님과 일치하는 커다란 은총을 얻는 데 있어 방해가 될 수 있다는 것이 어찌 가능하겠는가? 은총을 차고 넘치도록 받으셨고 하느님과 그처럼 일치해 계시고 하느님께서 그 안에 강생하기까지 했던 마리아께서, 어떤 영혼이 하느님과의 완전한 일치에 이르는 데 방해물이 될 수 있다는 사실이 과연 가능한가?

다른 사람들의 경우에는 그들이 아무리 거룩하더라도 하느님과의 일치를 늦출 수 있지만, 내가 앞서 말하였고 결코 싫증나지 않도록 계속 반복하겠지만, 마리아께서는 결코 그렇지 않다. 예수 그리스도의 완덕을 본받는 데 성공한 영혼이 거의 없는 이유 중 한 가지는, 성자의 어머니이시고 성령의 정배이신 마리아가 그들의 마음속에 충분히 형성되어 있지 않기 때문이다. 잘 익고 모양이 좋은 열매를 얻고자 하는 사람은 그것을 맺을 수 있는 나무를 가져야만 하고, 생명의 열매이신 예수 그리스도를 모시고자 하는 사람은 생명의 열매를 맺는 나무를 가져야 하는데 그분이 바로 마리아이시다. 자기 자신 안에 성령의 역동적인 작용을 가지고자 하는 사람은, 성령의 충실하고 갈라질 수 없는 정배이시고 우리가 이미 보았던 것처럼, 그분을 기름지게 하고 풍성하게 하시는 마리아를 모셔야만 한다.

165. 그리하여 기도와 묵상과 활동 그리고 고통 중에 뚜렷하고 분명하게 감지할 수 있는 눈으로는 아니라도 일반적이고 감지할 수는 없는 눈으로나마 마리아를 바라보면 볼수록, 위대하고 능력 있고 능동적이며 이해할 수 없는 분으로서 하늘에서나 어떤 다른 피조물에서보다 언제나 마리아와 함께 계시는 예수 그리스도를 더욱더 완전하게 찾게 될 것임을 확신하여라. 그러므로 하느님께 온전히 몰두해 계시는 마리아께서 하느님과의 일치에 방해가 되기보다는, 이 위대한 작업에서 마리아보다 우리를 더 효과적으로 도울 수 있는 이는 결코 아무도 없을 것이다. "마리아를 통하지 않고서는 아무도 하느님에 대한 생각으로 가득 채워질 수 없다"는 어느 성인의 말과 같이, 이를 위해 마리아께서는 은총에 의해 우리들과 통교하실 것이고, 보호하심에 의해 우리를 마귀의 환술과 속임수에서 지켜주실 것이다.

마리아의 종은 길을 잃지 않는다

166. 마리아가 있는 곳에는 마귀가 없다. 어떤 사람이 하느님의 영에 의해서 인도되고 있다는 확실한 표징 중의 하나는, 마리

아에 대한 큰 신뢰심을 가지고 있고 마리아를 생각하고 마리아에 대해서 자주 이야기하는 것이다. 이 말은 어느 성인의 생각이었는데, 그에 따르면, 호흡을 계속 하고 있는 것은 아직 그 사람이 죽지 않았다는 표시이듯 마리아를 자주 생각하고 마리아의 사랑을 찾는 것은 그 사람이 아직 죄에 의해서 죽어 굳어지지 않았다는 확실한 증거라는 것이다.

167. 성령과 더불어 성령의 인도하심에 있는 교회가 선언한 것처럼, 세상의 모든 이단을 물리친 이는 오직 마리아뿐이시다. 마리아 신심을 비난하는 사람들이 뭐라고 말하든지, 마리아의 충실한 종들은 이단에 넘어가거나 마귀의 유혹에 빠지는 경우가 드물다. 마리아께 신심을 가진 이는 다른 사람들처럼 쉽게 그르치지 않으며, 오류를 진리로 또는 악신을 착한 신으로 잘못 알 수는 있지만, 다른 사람들과는 달리 빠르든 늦든 자신의 잘못을 깨닫고 올바른 것으로 잘못 보았던 그 잘못을 계속 고집하지 않는다.

168. 그러므로 열심한 많은 사람들을 괴롭히는 착각의 두려움 없이 − 잘못 생각하지나 않을까 근심하는 일 없이 − 그리스도를 진실로 만나고자 하며 성덕의 길로 나아가고자 하는 사람들은 누구나, "큰 마음으로 기꺼이"(2마카 1, 3) 마리아께 대한 이 신심을 받아들이고 실천해야 할 것이다. 이 탁월한 길이 그에게 아직 낯설어 이 길로 들어설 줄 모른다 해도, 나는 그에게 이 탁월한 길을 보여줄 것이다. 이 길은 사람으로 태어난 '지혜'이며 우리의 머리 되시는 예수 그리스도께서 깨우쳐주신 길이다. 그러므로 그리스도의 지체들 중 단 하나도 이 길에서 헤맨다거나 어긋나는 일이 있을 수 없다.

이 길은 충만한 은총과 성령의 감도하심으로 손쉽게 된 길이며,

이 길을 걷는 사람은 지치거나 뒷걸음질치는 일도 없다. 이 길은 우리를 예수 그리스도께 인도해주는 가장 빠른 길이다. 이 길은 또한 더럽혀진 적이 없으며 먼지도 없고 지극히 작은 죄의 흠도 없는 완전한 길이다. 끝으로, 이 길은 좌우로 돌아가는 일도 없이 영원한 생명이신 예수 그리스도께 우리를 똑바로 확실하게 이끌어주는 안전한 길이다. 그러므로 마침내 우리 모두가 하느님의 아드님께 대한 믿음과 지식에 있어서 하나가 되어 성숙한 인간으로서 그리스도의 완전성에 도달하게 될 때까지(에페 4, 13 참조) 밤낮으로 이 길을 걸어가자!

  여섯째 동기: 이 신심은 우리에게 큰 내적 자유를 준다

  169. 이 신심을 충실히 실천하는 사람은 내면적 자유, 즉 하느님의 자녀들이 지니는 위대한 내적 자유를 누린다(로마 8, 21 참조). 이 신심을 통해서 자신을 예수 그리스도께 완전히 봉헌함으로써 우리 자신을 예수 그리스도의 노예로 만들게 되고, 그리스도께서는 그 대가로 자애로운 보답을 해주신다. 이러한 사랑의 자발적 봉헌에 대한 보상으로서 주님께서는 세 가지 방법으로 첫째, 그 영혼을 졸라매고 구속하며 혼동시킬 수 있는 마음의 가책과 굴욕적인 공포로부터 그를 해방시켜주신다. 둘째, 그의 좁은 마음을 넓혀 하느님을 아버지로 알게 하며 하느님께 대한 거룩한 신뢰를 가지게 해주신다. 셋째, 그에게 효성스런 자녀로서의 사랑을 불어넣어주신다.

  170. 나는 위에 말한 진리를 증명하기보다는 한 가지 사례를 들어보겠다.
  성덕이 뛰어난 분으로 이름 높았으며 1634년에 선종한, 오베르뉴 지방의 랑좍의 도미니코 수녀회 예수의 아녜스 수녀의 전기에 있

는 이야기이다.

아녜스 수녀는 일곱 살에 이미 큰 심적 고통을 겪고 있었는데, 어린 아녜스는 어느 날 "네가 모든 고통에서 해방되고 원수로부터 보호되려거든 될 수 있는 대로 빨리 예수 그리스도와 그분의 어머니의 노예가 되어라"는 어떤 소리를 들었다. 그때 그녀는 이 신심의 의미를 알지 못하고 있었지만 집에 돌아가기가 바쁘게 곧바로 자기 자신을 성모님과 예수님께 봉헌하였다. 그러고는 쇠사슬을 찾아 그것을 허리에 감고 죽을 때까지 매고 있었다. 그런데 자신을 봉헌하고 난 뒤부터는 그때까지 시달려왔던 괴로움과 소심증이 모두 사라지고 마음은 해방감과 기쁨으로 가득 찼다. 그 후 그녀는 많은 다른 사람들에게 이 신심을 권장하였고 큰 성과를 올리게 되었다. 그녀의 가르침을 받아 신심을 실천한 사람들 가운데는 성 술피스 신학교의 창설자인 올리에 신부, 그리고 이 신학교의 수많은 사제들이 있다. 그리고 어느 날 마리아께서는 아녜스 수녀에게 발현하셔서, 그녀가 당신의 아들 예수님과 당신에게 종으로서 자신을 봉헌해주어서 참으로 기쁘다면서 황금의 줄을 그 수녀의 목에 걸어주었다. 또 그때 마리아와 같이 나타난 체칠리아 성녀는 "천상의 모후이신 마리아의 충실한 종들은 행복하다. 그들은 참된 자유를 누릴 것이기 때문이다"라고 말하였다.

일곱째 동기: 이 신심을 통해서 완전한 이웃 사랑을 가질 수 있다

171. 이 신심을 장려하는 또 하나의 이유는, 이 신심을 통해서 우리의 이웃이 큰 이익을 얻는다는 것이다. 이는 이 신심이 이웃에 대한 사랑을 두드러지게 실천할 수 있도록 하기 때문이다. 즉 그것은 우리의 모든 선행의 보속과 대신 간청하는 기도의 가치, 극히 작은 좋은 원의나 보잘것없는 고행도 빼놓지 않고 마리아의 손

을 통해서 이웃에게 주는 만큼, 우리는 이 행위로 이웃에게 사랑을 베푸는 것이 된다. 우리는 우리가 얻은 것과 죽을 때까지 얻을 모든 보속의 가치를 마리아께 맡겨, 마리아께서 그것을 죄인들의 회개와 불쌍한 영혼들이 연옥에서 구원되는 데 사용하시도록 동의하는 것이다.

이것이야말로 이웃을 위한 완전한 사랑이 아니고 무엇이겠는가? 이것이야말로 애덕에 의해서 알아보게 되는 예수 그리스도의 참된 제자가 되는 것이 아니겠는가? 그리고 자기의 자만심을 드러내는 것에 대한 두려움 없이 죄인들을 회개시키고, 각자 자신의 처지에서 해야 할 의무를 통해서 연옥의 불쌍한 영혼들을 도울 수 있는 길이 아니겠는가?

172. 이 동기의 훌륭한 의미를 알기 위해서는 죄인들의 회개와 연옥의 한 영혼의 구원이 얼마나 훌륭한 선행인가를 알아야 하는데, 이것은 한 영혼을 하느님께 바치는 것이기 때문에 하늘과 땅을 창조하는 것보다도 더 훌륭하고 영원한 가치를 지닌 선행이다. 이 신심을 통해서 일생 동안 단 하나의 연옥 영혼을 구하고 죄인을 단 한 사람이라도 회개시켰다면, 그것으로 다른 이에게 이웃 사랑의 실천을 위해 택하라고 권하기에 충분하지 않겠는가?

그러나 우리의 선행은 동정 마리아의 너그러운 손길을 거쳐 지나감에 따라 더 깨끗해지고, 따라서 보속과 대신 간구의 가치를 더 많이 받게 되어, 죄인을 회개시키고 연옥 영혼을 구하는 데에 더욱 큰 힘을 갖게 된다는 것에 유의해야 한다. 그러므로 그 선행들은 마리아의 순결하고 너그러운 손을 거치지 않은 다른 선행들보다도 더 연옥 영혼들의 고통을 덜어주고, 죄인들을 회개시키는 능력을 훨씬 더 많이 가지게 된다. 자기 뜻을 버리고 사심 없는 순수한 이웃 사랑으로 마리아의 손을 통하여 바친 일은 아무리 작은 것이라도, 하느님의 분노를 풀고 자비를 구하는 데에 매우 큰 힘이 된다. 따라서 이 신심을 꾸준하게 충실히 실천하는 사람은 비록 그가 실생활에 있어 평범한 행동밖에 하지 않았다 하더라도, 이 신심을 통해서 여럿의 연옥 영혼들을 해방시키고 여러 명의 죄인들을 회개시키게 될 것이며, 그는 죽을 때에 그 사실을 알게 될 것이다. 그는 심판을 받을 때 얼마나 기뻐하겠으며 그의 영생에 얼마나 큰 영광이 되겠는가?

여덟째 동기: 이 신심은 우리의 선행을 꾸준히 계속하게 한다

173. 끝으로, 마리아께 대한 신심으로 우리를 더욱 강력하게 이끄는 것은, 이것이 우리가 덕행을 꾸준하고 충실하게 닦도록 하는 훌륭한 방법이라는 사실이다. 사실 죄인들의 회개가 대부분 지속적이지 못한 이유는 무슨 까닭일까? 왜 사람들은 그렇게도 쉽사리 다시 죄에 떨어지게 되는 것일까? 왜 대부분의 의인들마저 덕행에서 덕행으로 향상하지 못하며, 새로운 은총을 얻는 대신 그들이 가진 얼마 되지 않는 덕과 은총을 잃어버리게 되는 것일까? 이 모든 불행은 앞에서 이미 말했듯이, 사람의 본성이란 너무나 죄에 떨어지기 쉽고 너무나 나약하고 변덕스럽기 때문이며, 그럼에도 불구하고 사람이 자기 자신만 믿고 자신의 힘에만 의지하면서 은총과 덕행과 공로의 보화를 자기 스스로 지킬 능력이 있다고 믿는 데서 오는 것이다.

그러므로 우리는 이 신심을 통해서 우리가 가진 모든 것을 사랑하올 동정 마리아에게 맡기고, 마리아만이 우리의 자연적 및 초자연적 은총의 모든 재산을 맡아서 보관하는 관리인이 되도록 해야 한다. 우리가 마리아를 신뢰하고 의지하며 그분의 자비와 모성애에 자신을 바치면, 마리아께서는 우리의 덕행과 공로를 지켜주시

며, 이를 빼앗으려는 마귀와 세속과 육신의 도전에도 불구하고 우리의 모든 것을 보존하고 더욱더 풍성하게 해주신다. 그러므로 어머니를 따르는 착한 어린아이처럼, 또 주인을 따르는 충실한 종처럼 "맡겨 드린 것을 지켜 주십시오"(1디모 6, 20 참조)라며 이렇게 말해야 한다.

"착한 어머니시요 여주인이신 어머니 마리아님! 저는 오늘까지 어머니의 전구로 인해 제가 가진 자격 이상으로 많은 은총을 하느님으로부터 얻었습니다. 그러나 이 보화를 매우 깨어지기 쉬운 그릇에 담고 있었으므로 그 은총들을 제 안에 보존하기에는 너무나 제 자신이 약하고 빈약하다는 것을 저는 쓰라린 체험으로 진실히 알게 되었습니다. '저 비록 미천하여 멸시를 당하나'(시편 119, 141), 원컨대 제가 가진 모든 것을 받아들이시어 어머니의 성실하심과 능력으로 지켜주십시오. 어머니께서 저를 붙들어주시면 저는 결코 넘어지지 않을 것이며, 어머니께서 저를 보호해주시면 저는 결코 원수들에게 넘어가지 않을 것입니다."

174. 베르나르도 성인은 우리가 이 신심을 실천하도록 이렇게 명백히 말했다. "마리아께서 당신을 받쳐줄 때 당신은 넘어지거나 떨어지지 않을 것이며, 마리아께서 당신을 보호하실 때 당신은 두려워할 것이 없을 것이며, 마리아께서 당신을 인도하실 때 당신은 피곤하지 않을 것이며, 당신이 마리아의 사랑을 얻을 때 당신은 하늘 항구에 도달하게 될 것이다." 보나벤투라 성인은 이를 더욱 명백히 설명했다. "거룩한 동정 마리아는 성인들이 누리는 그 충만함을 보존하실 뿐 아니라, 그 성인들을 그들의 충만성 안에 보존하고 머물게 하시고 그 충만함이 줄어들지 않도록 하신다. 마리아는 그들의 성덕이 퇴색하지 않게 하시고, 공로가 낭비되지 않게 하시며, 은총이 분실되지 않게 해주시고, 마귀가 해치지 못하게 하시며, 심

지어는 그들이 죄를 지었을 때에도 당신의 아들 예수 그리스도께 로부터 벌을 받지 않도록 해주신다."

175. 불충한 하와가 하느님께 불충함으로 잃은 것들을 하느님 께 충실함으로써 회복시키고, 당신께만 집착하는 영혼들을 위하여 하느님께의 충실함과 항구함의 은총을 구해주시는 이는 다름 아닌 마리아이시다.

이런 이유로 다마스코의 성 요한은 마리아를 풍랑이 심한 바다 에서 파선할 위험으로부터 보호해주는 아주 견고한 닻에 비유하였 다. 많은 사람들이 이 견고한 닻에 매달리지 않기에 바닷속에 침몰 했던 것이다. "우리는 우리의 영혼을 마치 견고한 닻에 묶어놓듯이 당신의 희망에 묶어놓습니다" 하고 그 성인은 말했다.

구원된 성인들이 가장 단단하게 매달렸었고, 다른 사람들도 덕 행을 보존하도록 하기 위해 그들이 최선을 다해 단단하게 매달리 게 했던 분은 바로 마리아이시다. 그러므로 이 견고한 닻인 마리 아에게 항구하고 충실하게 매달려 있는 그리스도인들은 참으로 행 복하다. 그들은 세상의 광란하는 파도 속에서도 빠져 죽지 않고 하 늘 나라의 보화를 잃지도 않을 것이다. 노아의 방주 안으로 들어가 는 것처럼 마리아의 품으로 들어가는 사람들은 행복하다. 많은 사 람들을 빠뜨려 죽게 하는 죄악의 홍수도 그들을 해치지 못할 것이 다. 마리아께서는 천상 지혜(집회 24, 30)와 함께 그들의 구원을 위 해 "내 명령대로 일하는 사람은 죄를 짓지 않으리라"고 말씀하셨 기 때문이다. 불행한 하와의 불충실한 자녀들이, 자신의 충실성을 결코 흔들어버리거나 자신의 믿음을 결코 되돌리지 않으신 하느님 의 어머니 동정 마리아에게 자신을 위탁한다면 그들은 행복하다. 마리아께서는 당신을 사랑하는 사람들을 깊은 애정으로뿐 아니라 당신의 자녀들이 덕행을 실천하는 데 힘을 잃거나 길을 잃어버리거나 당신 아드님의 은총을 잃어버릴 때 풍부한 은총을 쏟아부어 주심으로써, 능동적이며 효과적이고 너그럽게 언제나 사랑하신다 (잠언 8, 17 참조).

176. 이 자애로운 어머니는 당신께 맡겨드리는 것은 무엇이든지 언제나 순수한 사랑으로 받아들이시고, 한번 받으신 것은 그것을 안전하게 보관하는 의무를 지니신다. 마치 내가 어떤 사람에게 백만 원을 맡겼다면 그가 나를 위해 그것들을 보관해야 하는 의무를 지고, 만일 그가 보관을 소홀히 하여 그 돈을 잃어버렸다면 그것에 대한 책임을 져야 하는 것과 같다. 그러나 충실하신 마리아께서는 당신의 소홀함으로 인해 우리가 당신께 맡겨드린 것을 잃어버리는 일은 결코 없으실 것이다. 하늘과 땅이 사라질지라도 마리아께서는 당신께 의탁하는 사람들에게 소홀하고 불충실한 일은 있을 수 없다.

177. 마리아의 불쌍한 자녀들이여! 너희들은 한없이 약하고 잘 변하여 너희들의 내적 본성은 매우 부패되어 있다. 너희들은 아담과 하와의 모든 자녀들과 같은 곳에서 나왔다. 그러나 그렇다고 해서 실망하지는 말고 신뢰심을 가지고 기뻐하여라! 거의 모든 그리스도인들이, 아니 열심한 자들까지도 모르고 있는 비결을 나는 너희들에게 가르쳐주겠다.

마귀의 습격을 당하고 도난당한 적이 있는 너희들은 자신의 귀중한 보화를 다시는 금고에 넣어두지 말아라. 그 금고는 귀중품을 안전하게 보관하기에는 너무나 작고 약하고 낡았다. 맑고 깨끗한 물을, 죄악으로 온통 더럽혀지고 부패한 너희들의 그릇에 담지 말아라. 비록 그곳에 죄악이 더 이상 남아있지 않더라도 악취는 아직 남아있어 그 물은 부패되기 쉽다.

값진 포도주를 나쁜 포도주를 담아두었던 낡은 술통에 붓지 말아라. 만일 그렇게 한다면 그 좋은 포도주는 썩어서 내버려야 할 것이다.

178. 선택된 너희들은 내 말을 이해하고 있겠지만 나는 더 솔직히 말하겠다.

너희 사랑의 황금을, 너희 순결의 은을 찢어진 자루나 낡고 부서진 금고에 넣지 말 것이며, 하늘의 은혜의 물과 성덕과 공로의 포도주를 너희들처럼 부패되고 더럽혀진 그릇에 담지 말아라. 그렇지 않으면 밤낮으로 적당한 기회만 노리고 있는 도둑(사탄)이 훔쳐 가버릴 것이며, 또 자신에 대한 애착과 신뢰와 아집이라는 악취로 말미암아 하느님의 깨끗한 선물은 더럽혀지고 만다.

너희들의 모든 보물, 은총, 성덕을 마리아의 가슴속에 쏟아 넣어라. 마리아는 신령한 그릇이고, 존경하올 그릇이며, 지극한 정성의 그릇이다. 하느님께서 당신 친히 당신의 모든 완전성을 지닌 채 이 그릇에 담겨지심으로 말미암아 이 그릇도 더불어 영적으로 되었으며, 가장 영적인 영혼들의 지극히 신령한 집이 되었다. 이 그릇은 고귀하게 되었고 영원의 가장 위대한 군주들의 영예로운 옥좌가 되었으며, 그 신심에 있어 놀라운 것이 되었고, 자애와 은총과 덕행이 가장 뛰어난 영혼들의 거처가 되었다. 이 그릇은 금으로 만들어진 집처럼 부유하고, 다윗의 땅처럼 강하며, 상아탑과 같이 깨끗하게 되었다.

179. 오! 모든 것을 마리아께 바치고, 모든 것 안에서 모든 것을 위하여 마리아께 의탁하며, 마리아 안에서 자기 자신을 완전히 잃어버리는 사람은 얼마나 행복한가! 그 사람은 마리아의 소유가 되고 마리아는 그 사람의 소유가 되기 때문이다. 그리고 그때 그는 감히 다윗처럼 이렇게 말할 수 있겠다. "마리아는 나를 위해서 만

들어졌다"(시편 119, 56 참조). 또는 "이분이 네 어머니시다"(요한 19, 27)라고 하거나, 예수님과 함께 "나의 것은 다 아버지 것이며…"(요한 17, 10)라고 말할 수 있을 것이다.

180. 만일 한 비평가가 이 책을 읽고 내 생각이 너무 과장되고 지나치다고 생각한다면, 그것은 불행하게도 그가 나를 이해하지 못하고 있는 까닭이다. 그렇게 생각하는 사람은 너무 육적이어서 영적인 것을 이해하지 못하거나 또는 성령을 받아들이지 못하는 세속적인 사람일 것이며, 혹은 자기가 알아듣지 못하는 것은 전부 반대하거나 멸시하는 불평가일 것이다. 그러나 혈육으로나 육정으로나 사람의 욕망으로 나지 아니하고 하느님과 마리아에게서 태어난 영혼들은 나의 말을 이해하고 나의 말에 흥미를 가질 것이다. 나는 그러한 사람들을 위해서 이 책을 쓰는 것이다.

181. 그러나 나는 이제 본 주제로 되돌아와 전자와 후자를 위해, 숭고하신 동정 마리아는 모든 피조물 가운데서 가장 존귀하고 관대하며, 사랑과 너그러움에 있어서 마리아보다 더한 분은 아무도 없다고 말하겠다. 어느 성인의 말처럼, 마리아는 달걀 한 알을 받으면 황소 한 마리를 주시는 분, 즉 우리가 마리아에게 아무리 미소하고 보잘것없는 작은 것을 바치더라도, 마리아께서는 당신이 하느님께로부터 받은 많은 것들을 우리에게 주신다는 말이다. 그러므로 마리아에게 무조건 자신을 바치면, 마리아 역시 그 사람에게 무조건 당신을 주신다는 것이다. 만약 그가 일체의 자만심을 없애고 마리아를 완전히 신뢰하며 성덕을 닦고 욕망을 억제하는 데에 전력을 다한다면 말이다.

182. 따라서 마리아의 충실한 종들은 다마스커스의 요한 성인

과 함께 이렇게 자신 있게 말할 수 있을 것이다.

"오, 하느님의 어머니시여! 저는 당신의 보호하에 있으므로 구원받을 것이며, 겁나는 것이 없을 것이며, 당신의 도우심으로 원수들을 공격하여 물리치겠습니다. 그것은 당신을 향한 신심이 하느님께서 주신 구원을 위한 무기이기 때문입니다"(다마스커스의 성 요한의 주님 탄생 예고에 대한 강론에서).

183. 마리아와 마리아의 자녀들과 종들에 대한 관계를 설명한 이 모든 진리에 대해서, 성령께서는 우리에게 구약성경(창세 27장)에서 놀라울 정도로 훌륭한 비유를 보여주신다. 어머니 레베카의 보살핌과 노력으로 장자가 아니지만 장자권에 대한 아버지 이사악으로부터 축복을 받아낸 야곱의 이야기가 그것인데, 우선 성령께서 이야기하시는 대로 보고 나서 나의 설명을 덧붙이고자 한다.

제1절
레베카와 야곱

1. 성경 이야기

184. 형 에사우는 동생 야곱에게 장자의 상속권을 팔았다. 여러 해 뒤에 그들의 어머니 레베카가 거룩하고 신비가 가득한 재치로 사랑하는 아들 야곱에게 장자권을 확정 지어주었다는 이야기는 이렇게 시작된다.

이사악은 자신이 이미 늙었음을 알고 죽기 전에 아들을 축복해줄 생각이었다. 그래서 그는 맏아들 에사우를 불러 사냥해서 잡아온 짐승으로 성찬을 마련해 오라고 했다. 그런 다음 에사우를 축복해줄 생각이었다. 레베카는 즉시 이러한 사실을 야곱에게 알리고 나서 양 떼 가운데서 새끼 염소 두 마리를 가져오라고 했다. 야곱이 두 마리의 새끼 염소를 가져오자 레베카는 그것으로 이사악이 평소에 좋아하는 성찬을 준비했다. 그리고 레베카는 보관해두었던 에사우의 옷을 야곱에게 입히고, 야곱의 손을 염소의 가죽으로 덮어 쌌다. 눈먼 아버지 이사악이 – 비록 야곱의 목소리를 알아들을지라도 – 더듬어 보아서 손이 거칠다는 이유로 야곱을 형 에사우로 잘못 알게 하기 위해서였다. 이사악은 야곱의 목소리를 듣고서는 사실 놀랐다. 그래서 이사악은 야곱을 가까이 오라 해서 손에 덮인 가죽털을 만져보았다. "목소리는 야곱의 목소리지만 손은 에사우의 손이구나" 하고 이사악은 말했다. 이사악은 식사를 하고 야곱에게 입을 맞추고 야곱의 옷에서 풍기는 냄새를 맡고 나서야 비로소 야곱을 축복하여, 그에게 하늘의 이슬과 땅 위의 풍요를 빌었다. 그리고 야곱을 자기의 모든 재산의 주인으로 만들고 "너를 저주하는 자는 저주를 받고 너에게 복을 빌어주는 사람은 복을 받으리라"고 축복해주었다.

이사악이 이 말을 마치자마자, 에사우가 사냥해서 잡아온 것으로 준비한 음식을 가지고 들어와서 식사 후에 있을 자기 아버지의 축복을 바랐다. 그 거룩한 성조 이사악은 일이 잘못되었음을 알고 크게 놀랐으나 자기의 축복을 취소하지 않고, 이렇게 된 일에는 반드시 하느님의 섭리가 있었음을 알고 오히려 그 축복이 유효하다고 선언했다. 성경에 있는 내용과 같이, 에사우는 이 일에 크게 울부짖으며 동생의 속임수를 소리 높여 비난하고, 자기 아버지에게는 축복이 오직 하나뿐이냐고 되물었다.

교부들이 지적한 것처럼, 여기서 에사우는 너무나 세속적이고 하늘과 땅의 위로를 동시에 누리려고 하는 사람으로 비유된다. 아버지 이사악은 에사우의 울부짖음에 못 이겨 땅의 축복을 주었으나 야곱의 지배하에 두었다. 이것 때문에 에사우는 야곱에 대해서 격

130

화된 증오감을 품고 아버지가 죽기만을 기다려 동생을 죽이려 했다. 야곱은 사랑하는 어머니 레베카의 충고와 도움을 충실히 따르지 않았더라면 죽음을 모면하지 못했을 것이다.

2. 야곱 설화에 대한 해석

185. 이 아름다운 이야기를 설명하기 전에 먼저 말해두어야 할 것은, 교부들이나 성경 해설자들이 말하는 것처럼 야곱은 예수 그리스도와 하느님 자녀들의 상징이며, 에사우는 세속적인 사람들, 즉 하느님께 버림받은 사람들의 상징이라는 것이다. 이것을 알기 위해서는 이 양자의 행동을 관찰하지 않을 수 없다.

1) 에사우는 하느님께 버림받은 사람들의 상징

(1) 형 에사우는 체격이 건장하고 궁술이 뛰어나 사냥해온 것이 항상 풍부하였다.
(2) 그는 집에 남아있는 일이 거의 없고, 자신의 힘과 솜씨만 믿고 산과 들에서 일하였다.
(3) 그는 어머니 레베카에게 효도하기 위해서는 별로 노력하지 않았고, 그 일을 위해서는 아무것도 하지 않았다.
(4) 그는 탐식가로서 불콩죽 한 그릇에 자신의 장자권을 팔아넘길 만큼 성찬을 좋아했다.
(5) 그는 카인처럼 동생 야곱을 질투하여 지나치게 학대했다.

186. 이처럼 에사우의 행동은 세속의 자녀들이 취하는 태도이다. 세속의 자녀들은 세상의 모든 일에 있어서 자신의 능력과 재간을 신뢰한다. 그들은 이 세상 일에는 매우 강하고 능력 있고 현명

하나 천상의 일에 관해서는 너무나 약하고 무지하다.

187. 그러므로 세속의 자녀들은 자기 집, 즉 하느님께서 언제나 그 안에 계시는, 하느님께서 마련한 내적이고 중요한 집인 영혼 속에는 전혀 머물러 있지 않거나 거의 조금밖에 머물지 않는다. 이러한 세속인들은 피정이나 내적 및 영신적 신심을 좋아하지 않는다. 그들은 또한 세속을 멀리하고 내적으로 생활하는 사람들을 미개하고 완고하며 소심한 사람이라고 평가한다.

188. 세속인들은 하느님의 자녀들의 어머니인 마리아 공경을 위해서는 별로 노력하지 않는다. 그들이 마리아를 절대적으로 미워하지 않는 것은 사실이다. 또 때로는 마리아를 찬미하기도 하고 마리아를 사랑한다고 말하기도 한다. 더구나 마리아를 공경하는 뜻으로 어떤 신심을 가지기도 한다. 그러나 그들은 마리아께 대하여 야곱과 같은 애정을 가지고 있지 않기에, 마리아가 다른 사람들로부터 지극한 사랑을 받으면 좋아하지 않는다. 그들은 마리아의 착한 자녀들과 종들이 마리아의 사랑을 얻기 위해 충실히 행하는 신심 행위를 비난한다. 그들은 마리아 신심이 영혼의 구원을 위해서 필요하다는 것을 믿지 않는다. 그리고 마리아에 대해서 어떤 고의적인 증오감을 가지지 않고 마리아 공경을 공공연히 경멸하지 않는 것만으로도 충분하다고 생각한다. 마리아께 대한 애정도 없고 자기들의 행실을 고치려는 노력은 없이, 마리아께 경의를 표하여 어떤 기도문을 형식적으로 외우거나 중얼거리면 마리아의 총애를 얻었고 마리아의 종이 되었다고 생각한다.

189. 에사우의 자녀들은 세상적 기쁨을 주는 불콩죽 한 그릇을 위해서 자신의 장자권, 즉 천국의 기쁨을 팔아넘긴다. 그들은 흥청

대고 먹고 마시는 에사우처럼 하늘에 계신 아버지로부터 축복받기 위해서는 아무런 노력도 하지 않는다. 다시 말해, 그들은 세속일에만 몰두하고 세속의 일과 향락에 대해서만 급급한다. 순간적인 쾌락을 위해서, 헛된 명예를 위해서, 황금처럼 반짝이는 무가치한 세상의 물건을 위해서 세례성사의 은총과 때 묻지 않은 순결의 옷과 천상의 상속권을 팔아버린다.

190.　마지막으로, 이들은 하느님의 자녀들을 공공연하게 혹은 은밀하게 미워하고 박해한다. 이들은 또 하느님의 자녀들을 괴롭히고 멸시하며, 비난하거나 웃음거리로 만들며, 모욕하고 속이며, 내쫓고 망하게 한다. 그러면서 자신은 성공을 하고, 쾌락을 즐기고, 순조로운 상황에 있고, 지위를 얻어 출세하고, 안락한 생활을 한다.

2) 야곱은 하느님 자녀들의 상징

(1) 야곱의 태도

191.　동생 야곱은 온화하고 평온하며 약한 기질을 갖고 태어났다. 그러나 그가 그토록 사랑하는 자기 어머니의 마음에 들도록 그는 대개 집에 머물러 있었다. 그가 집 밖으로 나가게 될 때는 자기 뜻대로 나가지 않았고 자기의 능력을 믿지도 않았으며, 순직하게 어머니에게 순종하기 위해서였다.

192.　그는 집에 있으면서 어머니 레베카를 사랑하고 공경하여 어머니를 모시는 것을 큰 행복으로 삼았다. 그는 어머니 마음에 들지 않는 일은 모두 피하고, 어머니를 기쁘게 하리라고 생각되는 일은 무엇이든지 행하였으므로 야곱에 대한 어머니 레베카의 사랑은

더욱 커졌다.

193. 그는 어떠한 경우에도 사랑하는 어머니에게 순종하며, 지체하지 않고 자발적으로 불평 없이 마음을 다하여 어머니를 따랐다. 어린 야곱은 어머니의 눈짓에 의해서도 지체 없이 행동하고 일했으며 어머니 말이라면 그대로 믿었다. 야곱은 어머니가 아버지의 식사를 준비하기 위해 새끼 염소 두 마리를 가지고 오라고 말했을 때, 한 사람분의 식사를 준비하는 데 한 마리면 충분하지 않느냐는 등의 불평도 없이 어머니의 말에 그대로 따랐다.

194. 야곱은 사랑하는 어머니를 크게 신뢰하였다. 그는 자기 능력에 조금도 의지하지 않고 순전히 어머니의 돌보심과 보호에 의탁했다. 어떤 일이 생기면 반드시 어머니를 불렀고 의문이 생기면 어머니에게 물었다. 예를 들어, 야곱이 "이렇게 하면 아버지의 축복이 아니라 오히려 저주를 받게 되지 않겠느냐"고 어머니에게 물었을 때, 레베카가 "그러한 저주가 있다면 그 저주는 내가 받겠다"고 하자 야곱은 어머니의 말을 그대로 믿고 신뢰했다.

195. 마지막으로, 야곱은 자기가 평소에 보아온 어머니의 모범을 힘껏 따랐다. 그가 즐겨 집 안에 머물러 있었던 것도, 매일 눈앞에 보는 덕이 많은 어머니를 본받고 타락한 친구들을 멀리하기 위해서였다. 그리하여 그는 아버지로부터 이중의 축복을 받기에 합당한 자가 되었다.

(2) 하느님의 자녀들이 취하는 태도

196. 하느님에 의해 선택된 사람들이 날마다 행하는 태도들을

살펴보자.

그들은 거룩한 어머니를 모시고 그 어머니의 모범을 따라 속세의 잡된 일을 멀리하는 은둔을 좋아하고 내적이며, 기도에 전념한다. 그들의 어머니이신 마리아를 본받아 그렇게 하는 것이다. 사실 마리아의 모든 영광은 내적인 것이고, 그분은 일생 동안 은둔과 묵상기도를 몹시 좋아하셨다. 빛의 자녀들도 가끔 바깥 세상에 나가 기도 하나, 그것은 오직 자기들의 신분이 요구하는 의무를 다하기 위해서, 하느님의 뜻과 사랑하올 어머니의 뜻에 순명하기 위해서이다. 그들은 외적으로 어떠한 큰일을 한다 해도 내적으로 성모 마리아와 일치하여 하는 일을 더욱 중요하다고 생각한다. 그것은 내적으로 하는 완덕이라는 큰일에 비하면 다른 모든 일들은 한낱 어린아이의 장난에 불과하다는 것을 알기 때문이다. 그러므로 때때로 다른 형제자매가 매우 힘 있고 재치 있고 성공적으로 일을 하여 많은 사람들의 칭찬을 받으면서 큰일을 이루어내는데도, 하느님의 자녀들은 에사우나 그 밖에 하느님께 버림받은 사람들처럼 세상에서 자기 자신의 힘으로만 훌륭한 일을 하는 것보다는 그들의 어머니께 완전히 순종하면서 그들의 모범이신 예수 그리스도와 더불어 고요한 자리에 들어앉아 있는 데에 더 많은 영광과 이익과 즐거움이 있다는 것을 성령의 빛으로 안다. 마리아의 집에는 "하느님의 영광과 사람의 참된 부귀가 있도다"(시편 112, 3 참조).

"나의 왕, 나의 하느님, 만군의 야훼여, 당신의 제단 곁에는 참새도 깃들이고 제비도 새끼 칠 보금자리 얻었사옵니다"(시편 84, 3). 당신이 일찍이 당신의 거처로 삼으셨던 마리아의 집에 사는 사람은 얼마나 행복되나이까? 선택된 이로 사는 그는 당신의 모든 도움을 받아 눈물의 골짜기, 이 세상에 있으면서도 완덕으로 나아가기 위해서 덕에서 덕으로 올라가고 있나이다. "만군의 야훼여, 계시는 곳 그 얼마나 좋으신가!"(시편 84, 1)

197. 선택된 그들은 거룩하신 마리아를 진심으로 사랑하고 자기들의 어머니로서, 여왕으로서 진정으로 공경한다. 그들은 마리아를 말로써만이 아니라 진심으로 사랑하고, 겉으로만이 아니라 마음으로 공경하고 있다. 마치 야곱처럼 마리아가 원하지 않는 것은 무엇이든지 피하고, 마리아에게 의합하다고 생각한 것은 무엇이든지 열심히 실천한다. 야곱이 어머니 레베카에게 드린 것처럼 새끼 염소 두 마리를 드리지 않고, 야곱의 새끼 염소 두 마리로 상징되는 그들의 육체와 영혼과 그들이 가지고 있는 모든 것을 마리아에게 바친다. 그리하여 마리아께서는 그들을 마치 당신의 소유물처럼 받으셔서, 그들이 죄에 죽고 이기심에서 벗어나 아들 예수 그리스도께 의합하게 되도록 하신다. 그것은 예수 그리스도께서 자기 자신을 끊어버리는 사람들을 친구와 제자로 삼으시기 때문이다. 마리아의 전구와 중개는 그들로 하여금 그 육체와 영혼이 깨끗해지고 자신을 억제하고 끊어버리게 하며, 완전히 죽어 하늘에 계신 아버지께 합당한 자가 되게 한다. 이것은 모두 내가 지금까지 말해 온 바로서, 마리아의 손을 통해서 예수 그리스도께 완전히 바쳐진 선택된 사람들이 보여주는 실천적이고 용감한 사랑이다.

하느님께 버림받은 사람들도 자기들이 예수님을 사랑하고 마리아를 사랑하고 공경한다고 말하지만 하느님께 선택받은 사람들처럼 실제적으로 그렇게 하지는 않으며, 그들의 육체를 그 관능과 더불어 그들의 영혼을, 그 격정들과 더불어 모두 희생하지는 않는다.

198. 하느님의 자녀들은, 성자께서 세상에서 공생활 전 30년 동안 어머니 마리아에게 완전히 순종하여 성부께 영광을 돌려드린 예수 그리스도의 표양을 본받아 사랑하올 어머니 마리아에게 순종한다. "내 말을 잘 듣고 내가 하라는 대로 하여라"(창세 27, 8)고 말한 레베카를 따른 어린 야곱처럼, "무엇이든지 그가 시키는 대로 하여

라"(요한 2, 5)고 말한 마리아를 따른 카나의 혼인 잔치의 사람들처럼, 그들은 마리아에게 순종하고 마리아의 권고를 정확히 따른다. 야곱은 어머니의 권고를 따랐기 때문에 그로서는 받을 수 없는 장자권을 받을 수가 있었으며, 또 카나의 혼인 잔치의 사람들도 마리아의 권고를 따랐기 때문에 어머니의 청에 의해서 물을 포도주로 만든 예수 그리스도의 첫 번째 기적을 볼 수 있었다. 이처럼 하늘에 계신 아버지의 축복을 받고 하느님의 기적을 얻기에 합당한 모든 사람들도, 마리아에게 바친 순종 덕분으로 세상 마칠 때까지 이러한 은혜를 받을 것이다. 이와 반대로 에사우의 자녀들은 마리아에게 순종하지 않으므로 이러한 축복마저 잃어버리게 된다.

199. 하느님의 선택된 자녀들은 사랑하올 어머니 마리아의 인자와 능력을 절대적으로 신뢰한다. 그들은 끊임없이 마리아의 도움을 청하고, 마리아를 무사히 항구로 이끄는 북극성으로 여긴다. 그들은 괴롭고 어려운 사정을 마리아에게 솔직히 털어놓으며, 마리아의 전구에 의해서 죄의 용서를 얻고, 환난과 불안 속에서도 마리아의 모성적 사랑을 느끼고자 인자하고 감미로운 마리아에게 매달린다. 또 그들은 극히 작은 죄까지도 깨끗이 씻고, 마리아 안에서 영광스러운 왕좌를 지은 예수 그리스도의 풍성함을 찾아내기 위해서 기묘한 방법으로 마리아의 사랑 가득한 순결한 품속에 완전히 숨어든다. 아, 얼마나 행복하겠는가? "아브라함의 품속에 사는 것이 주님께서 친히 그의 왕좌를 지은 마리아의 품속에 사는 것보다 더 낫다고 믿지 말라"고 게릭 대수도원장은 말한다.

이와는 반대로, 하느님께 버림받은 자들은 전적으로 자신을 신뢰한다. 그들은 오직 눈에 보이는 것과 밖으로 드러나는 것만을 좋아하고, 마리아의 모성적인 사랑과 자비로움을 소중히 여길 줄 모른다. 그들은 마리아가 주는 안전함을 알지 못하고, 하느님의 선택된 자녀들이 마리아에게 갖는 의지와 신뢰감도 알지 못한다. 그레 고리오 성인의 말과 같이, 그들은 예수님과 마리아 안에 완전히 마련되어 있고, 그들 자신의 마음속에 마련되어 있는 감미로움을 맛보려 하지 않기 때문에 불쌍하게도 세속적인 것을 갈망하고 있다.

200. 마지막으로, 빛의 자녀들은 마리아의 길을 따르고 덕을 본받는다. 이렇게 함으로써 비로소 그들은 행복해지고 경건해지며 틀림없는 구원의 표지를 갖게 되는 것이다. "나의 길을 따르는 자는 복되다"(잠언 8, 32)라고 마리아는 말한다. 하느님 은총의 도움으로 마리아의 모범을 따르고 성덕을 실천하는 자는 행복하다는 것이다. 그들은 마리아를 충실히 따르지 않는 사람보다 풍성한 은총과 위로를 더 많이 받기 때문에 현세생활 중에서도 행복하다. 또한 그들이 평화롭고 영원한 기쁨으로 인도되기까지 마리아께서 함께 있기 때문에 죽을 때에도 그들은 행복하다. 또 그들은 영원의 세계에서도 행복하다. 그것은 이 세상에서 사는 동안 마리아의 성덕을 본받는 사람은 그 누구도 멸망하지 않기 때문이다.

이와 반대로, 어둠의 자녀들은 그들이 살고 있는 동안이나 죽을 때나 죽고 나서도 불행하다. 왜냐하면 그들은 마리아의 성덕을 본받으려고 노력하지 않았기 때문이다. 그들도 때때로 여러 신심회에 가입하고 어떤 기도를 바치거나 외적인 신심 행위를 실천하지만, 그들은 오직 외적인 것으로만 만족하기 때문이다.

"오, 사랑하올 어머니시여! 저는 뜨거운 마음으로 어머니께 아뢰나이다. 어긋난 신심에서 방황하지 않고 어머니의 길과 권고와 명령을 충실히 따르는 자는 얼마나 행복하나이까! 그러나 어머니께 대한 신임을 남용하여 어머니의 아드님의 명령을 지키지 않는 사람들은 얼마나 불행하나이까! '당신의 계명을 어기는 거만한 자들, 그 저주받은 자들을 꾸짖으소서'"(시편 119, 21).

제2절
마리아와 그 자녀들

201. 모든 어머니들 중에서 가장 훌륭한 어머니이신 마리아께서, 내가 이미 언급했던 방식을 따라 그리고 야곱의 비유에 따라 당신께 자신을 바치는 당신의 충실한 종들을 위하여 가지시는 의무들을 살펴보기로 하자.

1. 마리아께서는 당신께 봉헌된 이들을 사랑하신다

마리아는 그들을 사랑하신다. "나는 나를 사랑하는 이들을 사랑한다"(잠언 8, 17). 마리아께서는 그들을 사랑하시는데 첫째로, 마리아께서는 그들의 참다운 어머니시고 어머니는 자신이 낳은 자녀들을 언제나 사랑하기 때문이며, 둘째로, 그 자녀들이 실제로 마리아를 그들의 착하신 어머니로서 사랑하기 때문이다. 셋째로, 하느님께서 "나는 야곱을 사랑하고 에사우는 미워했다"(로마 9, 13)라고 하셨듯이, 그들은 구원받도록 선택된 사람들로서 하느님이 그들을 사랑하시기 때문이다. 넷째로, 마리아는 그들이 당신께 완전히 봉헌되어 마리아의 몫과 유산이 되기 때문에 그들을 사랑하신다. "나의 창조주께서 내가 살 곳을 정해주시며, '너는 야곱의 땅에 네 집을 정하고 이스라엘에서 네 유산을 받아라' 하고 말씀하셨다"(집회 24, 8).

202. 마리아는 세상의 모든 어머니들의 사랑을 합친 것보다 더 큰 사랑으로 그들을 사랑하신다. 자녀에 대한 어머니의 모든 본성적 사랑을 한 어머니가 독점하였다고 가정한다면, 그 자녀에 대한 이 어머니의 사랑은 그 크기를 이루 말할 수가 없을 것이다. 그러

나 마리아의 사랑이 이 어머니가 가지고 있는 사랑보다 더 크다는 사실은 의심할 수 없는 진실이다.

마리아는 그들을 본능적 애정으로 뿐만 아니라 보다 효율적으로 사랑하신다. 그들에 대한 마리아의 사랑은 야곱에 대한 레베카의 사랑 이상으로 크게 드러난다. 레베카는 마리아의 상징일 뿐이다. 마리아께서 당신 자녀들을 위해서 하늘의 아버지로부터 축복을 얻어주기 위해 하시는 일은 다음과 같다.

203. 1. 마리아는 레베카가 그랬던 것같이, 당신 자녀들에게 유익한 것을 주고 그들을 발전시키며 풍성하게 하기 위한 좋은 기회를 엿보고 계신다. 마리아는 하느님의 섭리에 의한 모든 선과 악, 행복과 불행, 축복과 저주를 명백히 미리 보시기 때문에, 당신의 종들이 할 수 있는 한 죄를 피하고 선을 행하도록 하기 위해 미리 처리하신다.

예컨대 어떤 사람에게 그 자신의 충실성으로 인해 하느님을 위한 어떤 숭고한 과업을 이룩할 수 있는 기회가 주어진다고 할 때, 마리아께서는 당신 자녀에게 이러한 행운을 항상 얻어주실 것이고 그것이 성공할 수 있도록 은총을 얻어주시리라는 것은 명백한 사실이다.

"성모님은 직접 우리의 이익을 돌보신다" 하고 어떤 성인은 말했다.

204. 2. 레베카가 야곱에게 한 것처럼 마리아께서도 당신의 자녀들에게 권고하신다. "내 말을 잘 듣고 내가 하라는 대로 하여라"(창세 27, 8). 마리아께서는 특히 당신의 자녀들이 당신께 두 마리의 새끼 염소, 즉 그들의 몸과 영혼을 봉헌하여 하느님께 의합하는 요리를 만들도록 영감을 불어넣으신다. 그리고 당신의 아드님 예

수 그리스도께서 말씀과 모범으로 가르쳐주셨던 모든 것을 행하도록 영감을 그들에게 불어넣어주신다. 만약 마리아께서 이런 충고를 직접 주시지 않으신다면 마리아의 말씀에 순종하여 기꺼이 지성으로 마리아의 종들을 돕는 것을 커다란 영예와 즐거움으로 여기는, 당신의 자녀들에게 의합한 충고들을 전해주는 천사들을 통해서 하신다.

205. 3. 우리가 마리아에게 몸과 마음 그리고 우리에게 속한 모든 것을 남김없이 봉헌하였을 때 이 자애로운 어머니는 어떻게 하실까? 그것은 레베카가 야곱이 자기에게 가져온 새끼 염소 두 마리를 가지고 한 것과 다름이 없을 것이다.

첫째, 마리아는 그것들을 죽이시고, 옛 아담의 생명을 죽게 하시며, 둘째, 그것들의 본성의 가죽을 벗기시고, 본성적 경향·이기심·자신의 뜻·피조물에 대한 모든 애착심을 벗겨버리시고, 셋째, 우리의 죄와 그 물듦과 더러움을 깨끗이 씻어주시며, 넷째, 하느님의 뜻에 맞게 하느님의 가장 큰 영광을 위해서 요리하신다. 하느님의 뜻과 더 큰 영광을 완전히 아시는 분은 오직 마리아 한 분뿐이시므로, 마리아만이 우리의 몸과 영혼을 무한하신 분의 취미와 영광에 꼭 맞게 요리하실 수 있다.

206. 4. 내가 말한 신심을 통해서 만일 우리의 공로와 보속을 자애로운 어머니 마리아께 완전히 바치고 낡은 습성에서 벗어난다면, 비로소 마리아는 그 봉헌을 받아 우리를 깨끗하게 하셔서 우리의 천상 아버지께 의합하게 꾸미신다. (1) 마리아는 당신의 아들 예수 그리스도의 공로와 성덕의 출납관이며 분배자이기 때문에 당신의 아들 예수 그리스도의 깨끗하고, 새롭고, 귀중하고, 향기로운 옷으로 우리를 입혀주신다. 우리가 앞서 본 것처럼, 당신의 아

들 예수 그리스도의 공로와 덕행을 당신이 주고 싶은 사람에게, 주고 싶을 때에, 주고 싶은 대로, 주고 싶은 만큼 주신다. (2) 마리아는 새끼 염소의 가죽으로 야곱의 손과 목을 감싸듯이 당신 종들의 공로와 가치로 그들을 꾸미신다. 마리아는 우리에게 있어서 불결하고 불완전한 모든 것을 죽이고 정화시켜주시며, 은총이 우리에게 이루어준 선과 성덕을 잃어버리거나 낭비함이 없이 오히려 그것을 당신 안에 간직하고 몇 배로 증가시켜 하느님의 영광과 형제들의 구원을 위해서 우리가 큰일을 하도록 하신다. (3) 마리아께서는 당신의 자녀들에게 당신 자신의 옷을 주심으로써 그들의 옷과 장식에 새로운 향기와 새로운 은총을 더해주시는데, 그것은 지난 세기에 성덕의 향기 속에서 선종한 어느 수녀가 계시에 의해 이를 알고 말했던 것처럼, 마리아께서 돌아가실 때 유언으로 그들에게 물려주신 당신의 공로들과 덕행들이다. 그러므로 마리아의 모든 하인들과 충직한 종들과 노예들은 마리아의 아드님과 마리아의 옷을 두둑히 겹으로 입는다. "온 식구를 두둑히 입혀서 눈이 와도 걱정이 없다"(잠언 31, 21). 그러기에 예수 그리스도와 마리아의 공로들을 빼앗겨 완전히 알몸이 되어 하느님께 버림받은 이들은 한순간도 견딜 수가 없는 눈처럼 흰 예수 그리스도의 추위를 조금도 두려워할 필요가 없는 것이다.

207. 5. 마지막으로, 마리아께서는 당신의 종들이 하늘에 계신 아버지의 맏아들이 아니라 양자들이기에 그분의 축복을 받을 권리는 없지만, 그들에게 하느님 아버지의 축복을 얻어주신다. 완전히 새롭고 가장 값지며 가장 좋은 향기가 나는 옷을 입고 영혼과 육신이 잘 가꾸어지고 준비가 잘 되어 있어야, 하늘에 계신 아버지의 곁에 자신 있게 가까이 나설 수 있기 때문이다. 하느님은 죄인의 목소리인 그들의 목소리를 알아들으시고, 새끼 염소의 가죽으로 덮

여 있는 그들의 손을 촉감으로 아시고, 그들의 옷에서 풍기는 향내를 맡으신다. 하느님은 그들의 어머니이신 마리아께서 당신을 위해 마련하신 것을 기꺼이 받으시고, 그 안에 당신의 아들과 그의 거룩한 어머니의 공로와 향기가 깃들여 있음을 아신다. 그리하여 첫째로, 레베카가 자신의 아들 야곱에게 아버지의 축복을 얻어준 것처럼, 마리아는 당신의 자녀들인 우리들에게 천상 아버지의 두 가지 축복을 얻어주시는데 하늘의 이슬이라는 축복, 즉 영광의 씨앗인 하느님의 은총의 축복, "하느님께서는 그리스도를 통해서 하늘의 온갖 영적 축복을 우리에게 베풀어 주셨습니다"(에페 1, 3)와 지상의 풍요, 즉 자비하신 아버지 하느님께서 일용할 양식을 주시고 지상의 재화를 풍부히 주신다는 것이 그것이다.

둘째로, 하느님께서는 우리의 다른 형제들인 암흑의 자녀들을 우리가 지배하도록 하신다는 것이다. 그러나 그 지위는 한순간에 사라지며, 암흑의 자녀들이 한때 지배하고 있던 이 세상에서는 언제나 유지되는 것은 아니다. "악인들이 언제까지, 야훼여, 악인들이 언제까지 만세를 부르리이까? 그들은 악담하며 큰소리치고 악한 짓을 하며 스스로 거만합니다"(시편 94, 3-4). 그러나 의인들의 우월함은 진실한 것이고, 성령께서 우리에게 말한 것처럼 "의인들은 민족들을 다스리고 백성들을 통치할 것이며 주님이 무궁토록 그들의 왕으로 군림하실 것이다"(지혜 3, 8)와 같이 모두를 지배하고 명령할 내세에서 영원한 시간을 통해 분명히 보여질 것이다.

셋째로, 모든 주권을 가지신 하느님께서는 마리아의 종들과 그들의 재산을 축복하는 데 만족하시지 않고, 그들을 축복해주는 모든 이들을 축복하시며, 그들을 저주하고 박해하는 모든 이들을 저주하신다.

2. 마리아께서는 당신의 자녀들을 돌보신다

208. 마리아께서 당신의 충실한 종들에게 대해 가지는 두 번째의 특징적인 임무는 그들의 영혼과 육신에 필요한 모든 것을 제공한다는 점이다. 마리아께서는 우리가 방금 본 것처럼 그들에게 두 배의 옷을 입히시고, 하느님의 식탁에 있는 가장 맛있는 음식을 그들에게 주시며, 당신이 만드신 생명의 빵을 먹으라고 주신다. 마리아께서는 이렇게 말씀하신다. "사랑하는 나의 자녀들아, 내가 너희들을 위하여 세상에 낳은 생명의 열매인 예수 그리스도로 너희 자신을 가득 채워라"(잠언 9, 5 참조). 마리아께서는 이런 말씀도 하셨다. "오너라. 와서 예수라는 내 빵을 먹고 너희들을 위하여 만들어진 그분의 사랑의 포도주를 마셔라"(아가 5, 1 참조). 마리아께서는 지극히 높으신 분의 은총을 관리하고 나누어주시는 분이므로, 당신의 자녀들과 종들을 먹이고 기르시기에 가장 좋고 적합한 몫을 그들 각자에게 나누어주신다. 그리하여 그들은 그 살아있는 빵을 먹고 살이 찌며, 동정녀를 꽃피게 하는 포도주(즈카 9, 17)로 취하게 된다. 그들은 마리아의 가슴에서 태어나며, 마리아께 대한 이 신심의 향유로 인해 그들은 예수 그리스도의 멍에의 무게를 느끼지 못하고 그 멍에를 너무도 쉽게 지고 가게 된다. "그리고 그 멍에에는 그 기름 때문에 썩어 없어질 것이다. 그들이 씌워 준 멍에가 너의 목에서 풀리리라"(이사 10, 27).

3. 마리아께서는 당신의 종들을 인도하시고 지도하신다

209. 마리아께서 당신의 충실한 종들에게 베푸시는 세 번째의 좋은 일은, 그들을 당신의 아드님 예수 그리스도의 뜻에 맞추어 지도하고 이끌어주신다는 점이다. 레베카는 자신의 어린 아들 야곱

을 인도하였고, 아버지의 축복을 받도록 하기 위해서 그리고 그의
형 에사우의 증오와 박해로부터 구해주기 위해 때때로 좋은 조언을
해주었다. 바다의 별이신 마리아는 당신의 충실한 종들을 모두 안
전한 항구에 들어가도록 인도하신다. 또한 마리아는 영원한 생명
에 이르는 길을 그들에게 보여주시고, 위험한 함정을 피하도록 도
와주신다. 또한 마리아는 성덕의 길을 따라가도록 그들의 손을 붙
들어 인도해주시며, 그들의 걸음이 비틀거릴 때 붙들어주시고 넘
어졌을 때 일어나도록 도와주시며, 그들이 잘못을 저지를 때 어지
신 어머니처럼 꾸짖어주시고 사랑으로 그들의 행실을 바르게 고쳐
주신다. 그러한 어머니를 따르고 그러한 가르침을 받아 변화된 자
녀가 어떻게 영원한 하늘 나라로 가는 길을 잃을 수 있으며 그 길에
서 방황할 수 있겠는가? "마리아를 따라가면 길을 잃지 않습니다"
하고 베르나르도 성인은 말씀하신다. 그러므로 마리아의 참된 자
녀들은 악마에게 속임을 당하거나 어떤 이단에 빠질 위험이 없다.
마리아께서 인도하시는 곳에서는 속임수를 쓰는 악마와 교활한 이
단자들이 덤비지를 못하기 때문이다. 마리아께서 우리를 받쳐주실
때 우리는 넘어지지 않는다.

4. 마리아께서는 당신의 종들을 지켜주시고 보호해주신다

210. 마리아께서 당신의 충실한 종들과 자녀들에게 갖는 네 번
째의 훌륭한 임무는 그들의 적들에게 대항하여 당신의 자녀들과 종
들을 보호하시고 방어해주신다는 점이다. 레베카는 야곱을 위협하
는 모든 위험, 즉 카인이 자기 동생 아벨을 미워한 것처럼 형 에사
우가 미움과 질투로 야곱을 죽이려고 계획한 위험에서 당신의 보살
핌과 재치로 야곱을 구해주었다. 이와 같이 하느님의 선택된 자녀
들의 사랑스런 어머니인 마리아께서도 어미 닭이 새끼 병아리들에

게 하듯 당신의 품속에 품고 보호하며 감싸주신다. 그들에게로 몸을 숙이시고 그들에게 위안의 말을 속삭여주며, 그들의 약함을 동정해주시고 마치 전투에 나가는 무장한 군인처럼(아가 6, 9) 그들을 호송하고 보호해주신다. 마리아의 보호와 강력한 능력으로 둘러싸인 마리아의 충실한 종은 그 어느 것도 두려워할 이유가 없다. 어지신 어머니시며 힘 있는 천상 모후이신 마리아께서는 자녀들 중 어느 누구도 원수의 악의나 숫적으로 우세한 힘에 희생되지 않게 하시려고, 그 종들 중 단 한 명을 돕기 위해서라도 수백만 대군의 천사들을 보내실 것이다.

5. 마리아께서는 당신의 종들을 위하여 간구하신다

211. 인자하신 어머니가 당신의 충실한 종들에게 베푸시는 다섯째이면서 가장 큰 사랑은, 당신의 아들 예수 그리스도께 그들을 위하여 전구하여 당신의 간절한 기도로 예수님을 너그럽게 하시고, 그들을 예수님과 밀접히 일치케 하며 그들을 이 일치 안에 보존하는 것이다. 어머니 레베카는 야곱을 아버지 이사악 앞으로 가도록 하였고, 이사악으로 하여금 그를 만져보고 껴안고 그가 가져온 고기를 만족스럽게 배불리 먹고서 기꺼운 마음으로 그에게 입맞춤하게 하였고, 그의 옷의 그윽한 향기를 맡은 다음 에사우가 아닌 야곱을 축복하게 하였다.

"그가 가까이 가서 입을 맞추자 이사악은 야곱이 입은 옷에서 풍기는 냄새를 맡고 복을 빌어 주었다. '아! 내 아들에게서 풍기는 냄새, 야훼께 복을 받은 들 향기로구나'"(창세 27, 27).

아버지의 마음을 흡족케 한 이 들 향기는 씨 뿌리려고 골라놓은 밀알처럼, 당신 아들만을 낳게 하려고 은총으로 가득 채운 밭이신 마리아의 덕행과 공로의 향기가 아니겠는가! 마리아의 좋은 향기

를 풍기는 아이는 장차 이 세상에 오실 아버지이신 예수 그리스도
로부터 얼마나 흡족한 사랑을 받을 것인가! 오, 그는 얼마나 예수
그리스도께 재빠르고 완전하게 결합할 것인가! 나는 이것을 앞서
상세히 말해왔다.

212. 더욱이 마리아께서는 자녀들과 충실한 종들에게 많은 은
혜를 주시고, 천상 아버지의 축복을 내려주시며, 그리스도와의 밀
접한 일치를 이루어주신 다음에는, 그들을 그리스도 안에 있게 하
고 그리스도를 그들 안에 살게 하시며 그들이 하느님의 은총을 잃
지 않고 사악한 마귀의 올가미에 걸려들지 않게 보호하고 지켜주신
다. "마리아께서는 성인들을 그들의 충만성 안에 붙들어주시며"(성
보나벤투라) 끝까지 꾸준히 그 안에 머물러 있게 하신다.

이것이 잘 알려지지는 않았지만 신비에 가득 찬, 선택됨과 버림
받음에 대한 훌륭하고 오래된 상징인 야곱과 에사우 이야기의 설
명이다.

제 3 장
이 신심이 가져다주는 놀라운 효과들

213. 마리아 신심가들이여! 만일 그대들이 내가 이제부터 설명하게 될 이 신심의 내적, 외적 행위들에 충실하게 되면 그대들은 그에 따르는 놀라운 효과들을 경험하게 될 것이다.

첫째 효과: 자기를 앎과 업신여김

성령께서 사랑하는 정배 마리아를 통해서 그대에게 보내실 빛에 의해서, 그대는 그대 자신의 사악한 성향과 타락을 깨닫고 어떠한 선행도 이룰 능력이 없는 그대 자신의 무능력함을 알게 될 것이다. 이렇게 자기 자신을 알게 된 그대는 자기 자신을 업신여길 줄 알게 되고, 자신을 혐오하지 않을 수 없게 될 것이다. 그대는 그대 자신을 마치 그 점액으로 모든 것을 해치는 달팽이, 그 독으로 모든 것을 중독시키는 두꺼비, 또는 그저 속일 궁리만 하는 간교한 뱀과 같이 여기게 될 것이다. 바꾸어 말하면, 마리아는 당신의 깊은 겸손을 그대에게 나누어주어서, 그 겸손으로 인해 그대는 이제 더 이상 그 누구도 경멸하지 않고 자기 자신을 업신여기고 나아가서 업신여김받기를 좋아하게 될 것이다.

둘째 효과: 마리아의 신앙에 참여함

214. 마리아는 일찍이 성조들과 예언자들, 사도들 및 모든 성인들의 신앙보다 더욱 컸던 그 신앙을 그대에게 나누어주신다. 그러나 이제 마리아는 하늘 나라에서 군림하시므로 그러한 신앙을 더

이상 갖고 계시지 않는다. 왜냐하면 마리아는 영광의 빛에 의해서 하느님 안에서 모든 것을 명백히 직접 보고 계시기 때문이다. 그러나 하느님께서는 마리아가 영광으로 들어가실 때 마리아의 이 위대한 신앙을, 싸움 중에 있는 지상의 교회 안에서 마리아의 지극히 충실한 남녀 종들에게 보존해주기 위해서 그것을 보관하도록 허락하셨다. 그러므로 그대가 이 존엄한 모후이시며 충실한 어머니에게 합당하면 할수록, 모든 일에 날마다 더욱 순수한 신앙을 가지게 될 것이다. 이 순수한 신앙이라는 것은 감각적 위안이나 초자연적 은혜에 집착하지 않고 순수한 사랑의 동기에서 그대의 모든 행동을 할 수 있도록 사랑에 의해 고무된 생활 속의 신앙이며, 거센 풍랑과 심한 불안 속에서도 안전하고 확고하게 머무를 수 있는 바위같이 단단하고 흔들리지 않는 굳은 신앙이다. 또 예수 그리스도의 모든 신비와 인간의 최종 목적 및 하느님의 마음속까지 뚫고 들어갈 수 있는 극히 신비로운 열쇠와 같이 활동적이고 예민한 신앙이다. 그 신앙은 하느님의 영광과 영혼들의 구원을 위해서는 아무리 어려운 일이라도 무서워하지 않고 시작하여 완성할 수 있게 하는 용감무쌍한 신앙이며, 그 신앙은 휘황찬란한 횃불이며, 신비로운 생명이요, 지혜의 기묘한 보화이며, 전능한 무기가 되는 신앙이다. 이러한 신앙은 죄에 죽은 사람들에게 생명을 주고, 어둠과 죽음의 그늘 속에 있는 사람들을 비추며, 황금 같은 사랑을 필요로 하는 사람과 냉담한 사람들을 태울 것이다. 그리하여 그대는 마침내 부드럽고 힘 있는 말로 바위같이 굳은 마음을 움직이고, 레바논의 삼목을 뒤흔들며, 끝내는 구원의 원수와 마귀들을 물리칠 것이다.

셋째 효과: 순수한 사랑의 은총

215. 이 아름다운 사랑의 어머니(집회 24, 18 참조)는 모든 불안과

공포심에서 그대의 마음을 해방시켜주실 것이다. 이 어머니는 하느님의 자녀들이 거룩한 자유를 지닌 채 당신 아드님이 주신 계명의 길을 달려갈 수 있도록, 그대의 마음을 열어주시고 넓혀주실 것이다. 이 어머니는 당신이 가지고 계시는 그 사랑의 보화들을 그대의 마음속에 넣어주실 것이고, 그리하여 그대는 이제 사랑의 하느님께 대한 두려움이 아닌 단지 사랑에 의해 고취되어 이 어머니의 인도에 따르게 될 것이다. 그대는 이제 그분을 그대의 선하신 아버지로 바라보게 될 것이고, 그분을 기쁘시게 해드리려고 끊임없이 노력하게 될 것이며, 한 아이가 사랑하는 아버지와 그러하듯 그대는 그분에게 신뢰를 가지고서 그분과 대화하게 될 것이다. 불행하게도 만일 그대가 하느님의 마음을 상하게 해드린다면, 그대는 단번에 그분 앞에서 그대 자신을 낮추고 그분의 용서를 청하게 될 것이다. 그리고 그와 동시에 그대는 그저 단순한 마음으로 그대의 손을 그분에게 내밀고 그 어떠한 두려움이나 걱정도 없이 자신을 다시 일으켜 세울 것이고, 좌절함이 없이 그분에게로 계속적으로 나아가게 될 것이다.

넷째 효과: 하느님과 마리아께 대한 크나큰 신뢰심

216. 마리아께서는 하느님과 당신께 대한 크나큰 신뢰심을 그대에게 가득 부어주실 것인데 왜냐하면 첫째로, 그대가 그대 자신에 의해서가 아닌 언제나 이 착하신 어머니를 통해서만 예수 그리스도께 나아갈 수 있기 때문이다. 둘째, 그대가 그대의 공로와 은총 그리고 만족감을 모두 이 어머니께 드려 그분의 뜻대로 처분하시게끔 한 만큼, 마리아께서도 당신의 성덕을 그대에게 나누어주실 것이고 당신의 공로로 그대를 입혀주실 것이며, 그리하여 그대는 신뢰심을 가지고 하느님께 "이 몸은 주님의 종입니다. 지금 말

씀대로 저에게 이루어지기를 바랍니다"(루카 1, 38)라고 말씀드릴
수 있을 것이기 때문이다.

셋째, 그대가 그대 자신을, 그대의 몸과 영혼을 전적으로 마리
아께 드린 것처럼, 관대하시고 너그러우신 마리아께서도 놀랍고
도 실제적인 방법으로 그대에게 당신 자신을 주실 것이며, 그리하
여 그대는 깊은 확신을 가지고서 마리아께 이렇게 말씀드릴 수 있
을 것이다.

"성모님, 저는 어머니의 것이오니 저를 구원해 주소서"(시편 119,
94). 또는 내가 앞서 말했던 것처럼, "사랑하시는 제자"(요한 19, 26)
처럼 "거룩하신 어머니, 저는 당신을 저의 어머니로 받았나이다"
라고 말씀드릴 수 있을 것이다. 그대는 또한 성 보나벤투라의 말
씀을 그대의 말로 드릴 수 있을 것이다. "저의 사랑하는 주인이시
고 저를 구원하신 분이여, 저는 이제부터 확신을 갖고서 두려워하
지 않겠습니다. 당신은 주님 안에서 저의 힘이시며 저의 찬미이시
기 때문입니다. 저는 온전히 어머니의 것이며 제가 가진 모든 것이
어머니의 것이옵니다." "오! 모든 창조물들 중 가장 복된 동정녀시
여! 당신의 사랑은 죽음처럼 강하기에 저는 제 마음속에 도장을 찍
듯 당신을 모시겠습니다." "주님, 제 마음과 저희 눈은 우쭐거리거
나 거만해질 권리가 도무지 없사오며, 위대하고 놀라운 일들을 꿈
꾸지도 않사옵니다. 그럼에도 불구하고 저는 아직도 여전히 겸손
하지 못하며 자신감으로 가득 차서 제 영혼을 들어 올리고 격려하
였습니다. 주님, 제 영혼은 이 세상 즐거움에서 젖 떨어진, 어머니
의 품에 안겨 있는 아기와 같나이다. 그리고 이 품 안에서 저는 모
든 좋은 것들을 다 받나이다"(시편 131, 1-2 참조).

넷째, 마리아께 대한 그대의 신뢰감을 더욱 증가시킴으로써 그대
는 그대 자신에 대한 신뢰심을 차츰 낮추게 될 것이다. 그대는 그
대가 가진 모든 것들을 마리아께 드려서 그분이 그것을 마음대로

처분하시게끔 하였으므로, 이제까지 그대가 그대 자신에게 가졌던 모든 신뢰심은 그대의 보화이신 마리아 안에서 크게 증가하게 될 것이다. 오, 지존하신 하느님께서 당신의 가장 귀한 것들을 넣어두신 하느님의 보화가 또한 자신의 보화라고 말할 수 있는 영혼에게, 이는 얼마나 크나큰 확신이며 위로인가! 어떤 성인은 "마리아는 하느님의 보물이다"라고 말했다.

다섯째 효과: 마리아의 영혼과 정신이 그의 충실한 종에게도 온통 넘쳐흐른다.

217. 만일 그대가 이 신심을 충실히 실천한다면 마리아의 영혼은 주님께 영광을 드리기 위해 그대의 마음에 넘쳐흐르고, 또 마리아의 정신은 그대의 정신 속에 파고들어 가 구세주이신 하느님 안에서 기뻐 용약할 것이다. 암브로시오 성인은 이같이 말했다. "마리아의 영혼이 모든 사람들 안에서 주님을 찬미하고, 마리아의 정신이 모든 사람들 안에서 머무시면서 하느님 안에서 기뻐하시도록 합시다."

또한 우리 시대의 사람으로 마리아에 대해 열렬한 신심을 가졌던 어느 거룩한 사람은 이렇게 말한다. "지극히 복된 마리아께서 모든 마음들의 주인이요 여왕으로 자리 잡아, 모든 이들을 당신의 위대하고 거룩하신 예수께로 완전히 복종시킬 수 있는 때는 언제 올 것인가? 몸이 공기를 호흡하듯 영혼들이 마리아를 호흡하는 때는 언제 올 것인가? 이 비천한 세상에서 성령께서 영혼들 안에서 재창조된 당신의 사랑스런 정배를 발견하시고는 은총의 기적을 일으키기 위해, 당신의 선물들과 지혜의 선물들로 모든 영혼들을 가득히 채우시고 기묘한 일을 일으키실 때는 언제 올 것인가? 친애하는 형제여, 마리아를 통하여 지존하신 분께 선택되고 그분의 소유가 된 많은 영혼들이 마리아의 내밀한 심연 속에 빠져들어 또 하나의 마

152

리아가 되어 예수님을 사랑하고 영광스럽게 하는 마리아의 시대는 언제 올 것인가? 그 시대는 내가 가르치는 이 신심을 사람들이 알고 실천하기 전까지는 오지 않을 것이다. 주님, 주님의 나라가 임하도록 마리아의 나라가 임하게 하소서."

여섯째 효과: 그리스도를 닮은 마리아 안의 영혼들

218. 만일 그대가 이 신심에 충실함으로써 생명의 나무인 마리아가 우리 영혼 안에서 잘 가꾸어지면, 마리아는 제때에 훌륭한 열매, 즉 예수 그리스도를 낳으실 것이다.

나는 여러 가지 방법을 통해 그리스도를 찾는 신심 깊은 사람들이 많이 있다는 것을 알고 있다. 그러나 그들은 "선생님, 저희가 밤새도록 애썼지만 한 마리도 못 잡았습니다"(루카 5, 5)라고 자주 말하지 않으면 안 되었다. 우리는 그들에게 이렇게 대답할 수 있을 것이다. "당신들은 많이 노력했으나 조금밖에 잡지 못했다"(하까 1, 6). 그대들의 영혼 가운데는 그리스도의 모습이 너무나 약하다. 그러나 마리아의 티없이 깨끗한 길을 걷고 내가 가르치는 이 신심을 충실히 실천하면, 한낮에 힘들이지 않고 거룩한 장소에서 일할 수 있을 것이다. 죄의 그림자조차 없는 마리아에게는 어두운 밤이란 있을 수 없다. 마리아는 성스러운 지성소이다. 그곳에서 성인들이 이루어지고 형성된다.

219. 내가 방금 성인들이 마리아라는 거푸집에서 형성된다고 말한 것에 유의하기 바란다. 망치와 끌을 가지고 석상을 조각하는 것과 녹인 쇳물을 거푸집에 부어서 형태를 만드는 것과는 큰 차이가 있다. 전자는 많은 노력과 시간이 필요하지만, 후자는 적은 노력과 시간만으로도 충분하다. 아우구스티노 성인은 "마리아님, 당

신은 하느님의 주형이라 불러 마땅합니다"라며 마리아를 "하느님의 주형"이라고 부른다. 이 하느님의 주형 속에 넣어진 사람은 바로 예수 그리스도의 형상을 가지게 되고, 예수 그리스도께서는 그의 형상을 갖추고 조형하시게 된다. 그 사람은 **빠른** 시간 안에 적은 비용과 노력으로 하느님의 형상을 입게 된다. 그것은 하느님을 형성한 똑같은 주형 안에 넣어지기 때문이다.

220. 이 신심 이외에 다른 방법으로 예수 그리스도를 자기 자신 안에나 다른 사람 안에 형성하려고 하는 영신 지도자나 신심 깊은 사람들은, 자신의 기술과 능력과 노력으로만 단단한 돌이나 거친 나무토막을 망치로 무수히 두들겨대고 칼로 깎아서 그리스도의 모습을 만들어보겠다는 조각가들과 아주 적절하게 비교해볼 수 있는 것이다. 그런데 그들은 그리스도에 대한 지식과 경험이 부족하고 혹은 서투른 솜씨로 인해서 그리스도를 있는 그대로 표현하는 데 성공하지 못한다. 그와 반대로, 내가 제시하는 이 은총의 비밀을 택하는 사람들은 하느님으로서 그리고 사람으로서 예수 그리스도께서 형성되신 마리아라는 아름다운 주형을 발견하고는, 자신의 능력에 의존하지 않고 오직 그 주형의 우수성에만 의지하여 마리아 안에서 그대로의 예수 그리스도의 모습이 되기 위하여 마리아 안으로 뛰어들어 사라져버린다.

221. 아! 이것은 얼마나 아름답고 훌륭한 비유인가? 그러나 누가 감히 이를 완전히 이해하겠는가? 친애하는 형제여, 마리아 신심가인 그대가 이것을 깨닫기를 간절히 바라는 바이다. 그러나 녹아서 액체가 된 것만이 주형에 부어넣어진다는 것을 명심하기를 바란다. 즉 쇠가 불에 녹아 액체가 되는 것처럼, 마리아 안에서 새로운 아담이 형성되려면 그대 안에서 낡은 아담을 녹여버려야 한다

는 것을 말이다.

일곱째 효과: 예수 그리스도의 더 큰 영광

222. 만일 우리가 이 신심을 충실히 실천한다면, 보다 더 어려운 다른 신심을 몇 년에 걸쳐서 한 것보다 단지 한 달 동안에 더 큰 영광을 그리스도께 바칠 수 있게 된다. 내가 이렇게 주장하는 이유는 다음과 같다.

첫째, 이 신심이 가르치는 대로 마리아를 통해서 모든 행위를 한다면, 우리는 비록 우리 자신의 뜻과 행동이 좋고 잘 알려진 것일지라도 그것을 포기하고서 우리가 잘 모르는 것이지만 마리아의 뜻에 따라 행하게 되기 때문이다. 그리하여 우리는 마리아의 뜻에 참여하게 되는데, 마리아의 뜻은 너무나 순수하여서 마리아의 아주 작은 행동으로도 하느님께 커다란 영광을 드리게 된다. 예를 들면, 마리아께서는 물레로 실을 잣는 일이나 바느질을 하는 등의 사소한 일로도, 성 라우렌시오가 석쇠 위에서 겪은 잔인한 순교나 모든 성인들이 가장 영웅적인 행동으로 한 것보다 더 큰 영광을 하느님께 드리게 된다. 그러므로 마리아께서는 이루 헤아릴 수 없을 만큼 많은 은총과 공로를 얻은 까닭에, 마리아께서 얻은 그 은총과 공로들을 헤아리기보다는 하늘의 별이나 바다의 물방울 혹은 바닷가의 모래알을 헤아리는 것이 더 쉬울 정도이다. 따라서 마리아께서는 모든 천사들과 성인들이 하느님께 드렸거나 드리게 될 영광보다 더 큰 영광을 그분께 드렸다. 오, 성모 마리아의 기적이여! 당신은 당신 안에서 자기 자신을 온전히 잃어버리기를 원하는 영혼들 안에서만 은총의 기적을 행할 수 있나이다.

223. 둘째, 이 신심을 실천하는 충실한 영혼은 자기의 모든 생

각과 행동은 아무것도 아닌 것으로 여기고 그리스도께 가까이 나아가거나 말씀을 드리기 위해, 자기의 모든 신뢰와 기쁨은 마리아의 의향 속에 두기 때문이다. 그러므로 은연중에 자기의 생각에 의지하고 그 속에 골몰하며, 자기의 능력으로 행동하는 자들보다 이 영혼들은 더욱더 겸손을 실천한다. 그리하여 이 영혼들이 더욱더 겸손해진다면, 겸손하고 가난한 마음을 가진 이들에 의해서 더욱 완전한 영광을 받으시는 하느님을 보다 더 높이 영광스럽게 해드리게 된다.

224. 셋째, 마리아께서는 우리 행동의 선물을 당신의 정결한 손으로 받아들여 당신의 신묘한 빛과 아름다움을 더해주시며, 더욱이 당신 자신이 직접 예수 그리스도께 들어 바치기 때문이다. 그리하여 죄 많은 우리 손으로 직접 그 선물을 바치는 것보다 그리스도께서 더욱 큰 영광을 받으시게 됨은 명백하다.

225. 넷째, 끝으로, 우리가 마리아를 생각하기만 하면 마리아는 우리를 위해서 하느님을 생각하고, 우리가 마리아를 찬미하고 공경하기만 하면 마리아는 우리와 같이 하느님을 찬미하고 흠숭하시기 때문이다. 마리아께서는 전적으로 하느님과 상관관계에 있기에 나는 마리아를 하느님과의 관계 안에서 부를 것이다. 마리아께서는 오로지 하느님과의 관계 안에서 존재하신다. 마리아는 하느님의 메아리, 다른 어떤 것도 아닌 오직 하느님만을 말하고, 하느님만을 되풀이하는 하느님의 메아리이시다. 성녀 엘리사벳은 마리아께서 "믿으신 분"(루카 1, 45 참조)이기에 마리아를 찬양하고 마리아를 일컬어 복되다고 하였다. 그러자 하느님의 충실한 메아리이신 마리아께서는 그 즉시 "내 영혼이 주님을 찬송하며…"(루카 1, 46)라고 노래하였다.

　마리아께서는 그때 하셨던 것을 지금도 매일 하고 계신다. 우리가 마리아를 찬양하고 사랑하며 마리아께 어떤 것을 드릴 때, 그것은 마리아를 통해서 마리아 안에서 우리가 하느님을 찬양하고 하느님을 사랑하며 하느님을 영광스럽게 하는 것이 되기 때문이다.

제4장
이 신심의 독특한 실천 행위

제1절
외적인 신심 행위

226. 비록 이 신심에 있어서의 본질적인 것은 내적인 데에 있다(119항 참조) 하더라도 외적 신심 행위를 소홀히 해서는 안 된다. "이 일도 소홀히 해서는 안 되겠지만 저 일도 해야 하지 않느냐?"(마태 23, 23) 외적인 신심 행위들은 내적인 것들을 도우며 감각적인 사람들로 하여금 그가 해야 할 것이 무엇인지를 깨우쳐주고, 또한 그 외적 신심 행위를 보는 사람들을 교화시키는 데 적합하기 때문인 반면, 내적인 실천들은 이러한 역할을 하지 못한다. 따라서 세속 사람들이나 불평 많은 사람들이 말하는 "참된 신심은 마음에 있다. 우리는 외적인 신심을 피해야 한다. 또는 신심을 외적으로 드러내 보이는 것은 허영이다. 신심은 그 사람 안에 감추어져 있어야 한다"는 등의 말들은 하지 말아야 한다. 나는 나의 스승이신 주님과 더불어 이렇게 대답하겠다. "사람들이 너희의 착한 행동을 보고 하늘에 계신 아버지를 찬양하게 하여라"(마태 5, 16). 그러나 성 그레고리오가 말하는 것처럼, 우리는 사람들을 기쁘게 하거나 허영심에 의해 칭찬을 들으려고 외적인 신심 행위를 해야 되는 것이 아니라, 사람들의 업신여김이나 칭찬과는 상관없이 하느님을 기쁘시게 해드리고 그분께 영광드리려는 목적으로만 사람들의 눈에 보이는 신심 활동을 해야 한다.

나는 여기서 외적인 신심 행위를 몇 가지 간단하게 소개하겠는데, 내가 그것을 "외적"이라고 부르는 것은 그 신심 행위에 내적인 요소가 없기 때문이 아니라, 그것에 외적인 어떤 요소가 몇 가지 있기에 순수 내적인 것과 구별하기 위해서이다.

1. 예수 그리스도의 나라를 위한 준비와 봉헌

227. 하나의 신심단체는 아니지만 이 특별한 신심에 들어오고자 하는 이들은 먼저, 내가 예수 그리스도의 나라를 위한 이 준비의 첫째 시기에서 말했던 것처럼, 예수 그리스도의 정신과 반대되는 세속의 정신을 없애기 위해 적어도 12일간을 보내야 한다. 그리고는 거룩한 동정녀를 통하여 예수 그리스도로 자기 자신을 완전히 채우려는 목적으로 또한 3주간을 보내야 하는데 그 순서는 이러하다.

228. 3주간 중 그 첫째 주 동안에는, 자신의 죄를 통회하고 자기 자신을 알기 위한 목적으로 모든 기도와 경건한 행동을 바쳐야 하며 이를 겸손의 정신으로 해야 할 것이다. 그리고 가능하다면, 내가 앞서 말했던 우리의 나쁜 바탕에 관하여 묵상할 수 있으며, 이 첫째 주의 6일 동안에 자기 자신을 달팽이, 껍질 없는 달팽이, 두꺼비, 돼지, 뱀, 염소로 볼 수 있으며, 또는 성 베르나르도의 이 세 가지의 말씀들, 즉 우리의 비천한 기원, 도무지 존경받을 만한 데가 전혀 없는 현재의 상태, 그리고 벌레들의 먹이가 될 우리의 끝을 묵상할 수도 있다. 그리고 자신을 밝게 비추어주시도록 "주님, 볼 수 있게 해주십시오"(루카 18, 41) 또는 "제 자신을 알게 해주십시오!" 또는 "오소서, 성령이여"라는 말로써 주님과 성령께 기도해야만 하며, 성령 호칭 기도와 그 뒤에 있는 기도를 함께 드려야 한다. 마리아께도 도움을 청해야 하며, 모든 다른 은총들의 기초가 되는 이 커다란 은총을 받을 수 있도록 청해야 할 것이다. 그리고 이를 위해서 날마다 '바다의 별Ave Maris Stella'과 성모 호칭 기도를 해야만 한다.

229. 둘째 주에는 모든 기도와 활동 안에서 마리아를 아는 데 전념해야 한다. 그리고 성령께 이 지식을 청해야만 하며 내가 말한 것들을 읽고 묵상해야 한다. 이러한 의향으로 첫째 주와 마찬가지로 성령 호칭 기도와 '바다의 별이여Ave Maris Stella' 기도를 하고, 이에 더하여 매일 묵주기도를 드려야 하는데 15단이 어려울 경우 5단만이라도 드려야 한다.

230. 셋째 주에는 예수 그리스도를 아는 데 힘써야 한다. 이를 위해 우리가 그분에 관해서 말했던 것을 묵상할 수 있으며, 제2부의 첫머리에 있는 성 아우구스티노의 기도를 바칠 수도 있다. 즉 "주님, 저로 하여금 당신을 알게 해주십시오!" 또는 "주님, 주님이 어떤 분이신지 알게 해주십시오"라며 하루에 수백 번씩 되풀이하는 것이다. 지난주에 했던 것처럼 성령 호칭 기도와 '바다의 별Ave Maris Stella' 기도를 바치고, 또한 예수 성명 호칭 기도를 매일 바쳐야 한다.

231. 셋째 주간이 끝날 때에는 마리아의 손에 의해 사랑의 노예로 자신을 예수 그리스도께 드린다는 의향으로 고해성사와 영성체를 해야 한다. 그리고 뒤에 제시되어 있는 방식에 따라 영성체를 한 후에는, 또한 뒤에 제시되어 있는 봉헌문을 드려야 한다. 인쇄된 봉헌문이 없을 경우에는 자신이 직접 쓰거나 쓰여진 것을 이용하고, 봉헌을 하는 날 그 봉헌문에 서명을 해야 한다.

232. 또한 봉헌 당일에는 세례 때의 서약을 어긴 지난날의 불충실을 보속한다는 의미나 또는 예수님과 마리아의 권한에 속해 있다는 것을 확인하는 뜻으로, 예수 그리스도와 마리아께 몇 가지 공로의 선물을 드리는 것이 좋을 것이다. 이 선물은 단식 한 번, 고행 한

번, 자선 한 번 또는 초 한 자루와 같이, 각자의 신심과 능력에 따라서 다를 수 있다. 만약 공경을 드리려는 마음은 있으나 가진 것이라고는 단지 핀 한 개밖에 없다 하더라도 착한 마음으로 그것을 바친다면, 언제나 착한 뜻만을 보시는 예수님께 그것은 충분할 것이다.

233. 적어도 1년에 한 번, 같은 날에 3주 동안의 준비 기간을 가진 후 자신의 봉헌을 갱신해야 한다.

또한 한 달에 한 번이나 매일, 이 같은 말로써 자신의 봉헌을 갱신할 수도 있다. "오, 사랑하올 예수님, 주님의 거룩한 어머니 마리아를 통하여 저는 온전히 주님의 것이오며, 제가 가진 모든 것이 주님의 것이옵니다."

2. 마리아의 작은 화관을 외우는 것

234. 마리아께 봉헌한 사람은 마리아의 열두 가지 특은과 위대함을 공경하여 주님의 기도 세 번과 성모송 열두 번으로 된 마리아의 작은 화관을 그들의 일생 동안 매일, 하지만 어떤 부담감을 갖지는 말고 드리면 된다. 이는 매우 오래된 관습으로서 복음사가 요한은 열두 개의 별이 박힌 관을 쓰고 태양을 입고 달을 밟고 있는 한 여인(묵시 12, 1)을 보았는데, 이 기도는 그것에 근거를 두고 있으며, 해석에 따르면 이 여인은 바로 지극히 거룩한 동정녀 마리아이시다.

235. 이 화관을 잘 드릴 수 있는 방법은 많지만 그것을 다 열거하려면 너무 길어질 것이다. 이 신심에 매우 충실한 사람들에게는 성령께서 가르치시겠지만 그래도 간단히 말해본다면, "지극히 거룩하신 동정녀 마리아님, 제가 당신을 찬미하게 하시고, 당신의 원

수들을 대항할 수 있는 힘을 제게 허락해주소서"라는 말로 기도를 시작해야 할 것이다. 그런 다음에는 사도 신경, 주님의 기도 한 번, 성모송 네 번을 드리며 영광송을 한 번 바쳐야 한다. 그러고는 '어머니의 보호를 비나이다Sub Tuum Paesidium'로 마친다.

3. 작은 쇠사슬을 지님

236. 마리아 안에서 자발적으로 예수 그리스도의 노예가 된 사람들이 그 표지로서 강복된 작은 쇠사슬을 지니는 것은 그들에게 지극히 영광스러운 일이며 매우 거룩한 행위이고 유익한 것이다.

그러나 이러한 외적인 표가 본질적인 것이 아님은 명백하며, 이 신심에 열심인 사람은 그러한 표지들 없이도 잘 나아갈 수 있다. 그럼에도 불구하고 나는 원죄와 본죄로 말미암아 묶여 있던 마귀의 노예로서의 부끄런 사슬을 떨쳐버린 다음, 자발적으로 예수 그리스도의 영광스런 노예가 되어 사도 바오로와 함께 그리스도를 위하여 속박되는 것을 영광스럽게 생각하는 사람들을 칭찬하지 않을 수 없다. 그 사슬들은 비록 쇠로 만들어진 것이지만 황제들의 금목걸이보다 수천 배나 더 영광스럽고 귀중한 것이다.

237. 지상에서 십자가보다 더 치욕스런 것은 없었던 적도 있었지만, 오늘에 이르러 그 십자 나무는 그리스도인들에게 있어 가장 영광스런 물건이 되었고 노예의 사슬 역시 이와 마찬가지이다. 고대인들 사이에서 그리고 오늘에 이르기까지 이교인들에게 있어 이보다 더 치욕스럽고 부끄러운 것은 없었다. 하지만 그리스도인들에게 있어서는 예수 그리스도의 사슬보다 더 이름 높은 것이 없는데, 왜냐하면 그 사슬이 우리를 오히려 풀어주고 죄와 악으로부터 우리를 보호해주기 때문이다. 그 사슬이 우리에게 자유를 주고, 노

예에게 하는 것처럼 강제와 힘에 의해서가 아니라 어린아이들에게
하는 것과 같은 자비와 사랑으로 우리를 예수님과 마리아께 매어놓
기 때문이다. 하느님께서는 "나는 사랑의 줄로 그들을 내게로 끌어
주겠다"(호세 11, 4)라며 예언자의 입을 통해서 말씀하셨다. 이 사슬
들은 죽음처럼 강하고, 어떤 의미에선 이 영광스런 표지를 자신들
이 죽음에 이를 때까지 지니고 가는 충실한 사람들에게 있어서는
죽음보다 더 강하다고 할 수 있다. 왜냐하면 비록 죽음이 그들의
육신은 부패케 할지라도 이 사슬들은 쇠로 만들어졌기에 쉽게 썩
지 않기 때문이다. 아마도 마지막 심판에서 육신이 부활하는 그날
에 이 사슬들은 그들의 뼈를 묶게 될 것이고, 그들의 영광의 한 부
분이 될 것이며, 빛과 영광의 사슬들로 변화하게 될 것이다. 따라
서 그때에 무덤에까지 그 사슬들을 지니고 갔었던 예수 그리스도
의 노예들은 천 배나 더 행복하게 될 것이다.

238. 다음은 예수 그리스도의 노예들이 이 작은 사슬들을 왜 몸
에 지녀야 하는지에 대한 이유들이다.

첫째, 세례 때 한 서약과 약속들을 이 신심에 의해서 완전히 새롭
게 갱신하며, 그 서약과 약속들에 충실해야 한다는 엄한 의무를 신
자들이 기억하게 하기 위함이다. 순수한 믿음에 의해서보다는 감
각적인 것들에 의해 그의 행동 동기가 더 좌우되는 사람의 경우에,
만약 그가 하느님께 향한 그의 의무들을 상기시켜줄 수 있는 어떤
외적인 것들을 지니지 못한다면 그는 하느님께 대한 자신의 의무
들을 쉽게 잊어버리게 된다. 이 작은 사슬들은 세례에 의해서 풀려
나게 된 죄와 악마의 노예로서의 사슬들과, 세례 때 예수 그리스도
께 맹세했던 그분께 대한 예속과, 그가 자신의 맹세들을 갱신함으
로써 하게 되는 그것에 대한 인정을 기억하게 하는 데 있어 놀라운
도움을 준다. 매우 소수의 그리스도인들만이 자신이 세례 때에 했

던 서약들을 생각한다. 또한 그리스도인들이 약속드린 것이 아무 것도 없는 이교인들처럼 살아가는 이유들 중의 하나는, 그들이 세례 때 했던 서약들을 생각나게 해줄 만한 외적인 표지들을 전혀 갖고 있지 못하기 때문이다.

239. 둘째는, 우리가 예수 그리스도께 예속되어 있고 그분의 노예임을 부끄러워하지 않는다는 것과, 이제는 더 이상 세속과 죄와 마귀의 노예가 아님을 보여주기 위한 것이다.

셋째, 우리는 죄인으로서의 사슬을 지니거나 아니면 사랑과 구원의 사슬을 지니거나 해야 하기에, 죄와 마귀의 사슬들에 대항하여 우리 자신을 보호하기 위해서이다.

240. 오, 나의 사랑하는 형제여, 우리는 죄와 죄인들의 사슬, 세속과 세속적인 것의 사슬들, 그리고 마귀와 그 앞잡이들의 사슬들을 끊어버리도록 하자. 그들의 불길한 멍에를 멀리 던져버리자(시편 2, 3 참조). 성령의 말씀대로, 우리의 발을 성령의 영광스런 족쇄로 채우고, 우리의 몸에 그분의 사슬을 걸도록 하자(집회 6, 24 참조). 어깨로 하느님의 지혜, 즉 예수 그리스도를 메고 그분의 사슬을 결코 귀찮게 여기지 않도록 하자(집회 6, 25 참조). 성령께서는 우리가 이 말들을 하기도 전에 먼저, 그 영혼이 그분의 중요한 충고를 거절하는 일이 없도록 하기 위해 우리 영혼을 준비시켜주실 것이다. 성령께서는 이렇게 말씀하신다. "너는 들어라. 내 의견을 받아들여 나의 충고를 거역하지 말아라"(집회 6, 23).

241. 사랑하는 친구여, 그대는 내가 성령과 일치하여 "성령의 사슬은 구원의 사슬이다"(집회 6, 30 참조)와 똑같은 충고를 그대에게 해주기를 원할 것이다. 십자가에서 예수 그리스도께서는 사람들이

싫어하든 좋아하든 상관없이 모든 이를 당신께로 이끄셔야 했으므로, 그분은 죄인들을 그들이 지은 죄의 사슬로 끌어당겨서 노예처럼 그들을 묶어 그분의 영원한 분노와 정의로 응징하실 것이다. 하지만 그분은 특히 이 마지막 시대에 있어서는 사랑의 사슬로 예정된 이들을 이끄실 것이다. "다른 모든 사람을 이끌어 나에게 오게 할 것이다"(요한 12, 32). "나는 그들은 사랑의 끈으로 묶어 이끌 것이다"(호세 11, 4 참조).

242. 예수 그리스도의 이 사랑스런 노예들, "그리스도의 포로들"(에페 3, 1 ; 필레 1, 8)은 그들의 발이나 팔에 그리고 몸이나 목에 사슬을 두를 수 있다. 1643년에 성덕의 향기 속에 선종한 예수회의 일곱 번째 총장인 빈센트 가라파Vincent Garaffa 신부는 자신이 예수 그리스도의 노예임을 나타내는 표지로 발에 쇠로 된 띠를 두르곤 했는데, 그에게 있어 가장 후회스러웠던 점은 그것을 공공연히 할 수 없었다는 것이었다고 그는 말했다. 앞서 언급했던 예수의 아녜스 원장 수녀는 자신의 몸에 철로 된 띠를 두르곤 했으며, 어떤 이들은 그들이 세속에서 목에 진주 목걸이를 걸고 다녔던 것에 대한 보속으로 목에 철로 된 띠를 걸었다. 반면 어떤 이들은 육체 노동을 할 때에 자신이 예수 그리스도의 노예임을 상기하기 위해 팔에 사슬을 두르곤 했다.

4. 강생의 신비에 대한 특별한 신심

243. 그들, 즉 예수 그리스도의 이 거룩한 노예들은 말씀 강생의 위대한 신비(3월 25일 주님 탄생 예고 대축일)에 대해 특별한 신심을 가져야만 한다. 실로 말씀의 강생은 내가 여기서 말하고 있는 이 신심에 가장 들어맞는 신비인데, 그것은 이 신심이 성령에 의해 고

취되었기 때문이다. 첫째는, 하느님의 아드님께서 하느님 아버지
의 영광과 우리의 구원을 위하여 기꺼이 마리아께 속해 있기를 원
하신 그 이루 말할 수 없는 예속을 공경하고 본받기 위함인데, 그
예속은 특히 예수께서 마리아의 가슴에서 사랑스런 포로이며 노예
로서 있었던 것과 예수께서 모든 것을 마리아께 의존했던 이 신비
에서 드러난다. 둘째로는, 하느님께서 마리아에게 베푸신 비할 데
없는 은총들에 대하여, 그리고 특히 마리아를 그분의 지극히 거룩
한 어머니로 선택해주신 데 대하여 감사하기 위함이다. 그리고 이
때의 선택은 이 신비 안에서 이루어졌다. 이것이 마리아 안에서 예
수 그리스도의 노예가 지닐 두 가지의 근본적인 목적이다.

244. 내가 "마리아 안에서 예수 그리스도의 노예", "마리아 안
에서 예수 그리스도께 대한 예속"이라고 말한 것에 주의해주기 바
란다. 많은 사람들이 앞서 그렇게 했던 것처럼 나도 "마리아의 노
예", "거룩한 동정녀께의 예속"이라고 말하겠다. 하지만 보기 드문
분별력과 완전한 신심으로 유명하신 성 술피스 신학교의 총장 트
롱송Tronson 신부님이 이 문제로 자신에게 의견을 구하는 이들에게
권했던 것처럼, "마리아 안에서의 예수 그리스도의 노예"라고 말하
는 것이 더 낫다고 나는 생각한다. 그 이유는 다음과 같다.

245. 첫째, 우리는 지적인 자만심이 높은 시대에 살고 있으며 우
리들 주변에는 콧대 높은 학자들과 자유사상가와 비평가들이 많이
있으므로, 그들에게 쓸데없는 비판의 기회를 주지 않도록 하는 것
이 낫겠다. 그래서 이 신심의 목적지에 도달하기 위한 길이요 수단
인 마리아로부터 이 신심의 명칭을 취하기보다는 최종 목적인 예수
그리스도로부터 이 신심의 명칭을 위하여 우리는, "마리아 안에서
예수 그리스도께의 예속"이라고 말하며, 우리 자신을 마리아의 노

예라기보다는 예수 그리스도의 노예라고 부르는 것이 낫겠다. 나 자신이 그렇게 하고 있는 것처럼 비록 실제에 있어서는 그 어느 쪽이든 상관이 없지만 예를 들어 어떤 사람이 앙브와제의 길로 해서 오를레앙에서 투르로 간다고 할 때, 그는 앙브와제로 가고 있다거나 또는 투르로 가고 있다고 말할 수 있으며, 혹은 그는 앙브와제에 가는 여행자이다, 투르로 가는 여행자이다고 말할 수 있다. 하지만 이 표현들에 있어 앙브와제는 단지 투르로 가는 직선길일 뿐이며 그의 여행의 최종 목적지는 투르라는 차이점이 있다.

246. 둘째 이유는, 우리가 이 신심으로써 찬양하고 공경하는 근본적인 신비는 강생의 신비이며, 이를 통해 우리는 오로지 마리아 안에서 예수님을 볼 수 있으며 마리아의 가슴에 있는 예수님을 볼 수 있기 때문이다. 그러므로 "오, 마리아 안에 살아계시는 예수님, 저희 안에 오셔서 당신 거룩함의 정신으로 사시옵소서"와 같이 여러 종류의 아름다운 기도에서 볼 수 있듯이, 마리아 안에 자리 잡으시고 마리아 안에 군림하시는 예수님, 마리아 안에서의 예수님의 예속에 관하여 말하기 위한 목적 때문이다.

247. 또 다른 이유는, 이러한 방법이 예수님과 마리아 사이의 긴밀한 일치를 더욱 강하게 표현하기 때문이다. 예수님과 마리아께서는 매우 긴밀하게 일치되어 있기에, 예수님께서는 마리아 안에 계시고 마리아께서는 예수님 안에 계신다고 할 수 있으며, 또는 마리아는 더 이상 존재치 않으며 마리아 안에는 예수님 홀로 계신다고 할 수 있다. 그리고 예수님으로부터 마리아를 떼어놓기보다는 태양으로부터 빛을 분리하는 것이 더 쉽다고 말할 수 있겠다. 그래서 우리는 주님을 "마리아의 예수", 마리아를 "예수의 마리아"라고 부르게 된다.

248. 마리아 안에 사시고 군림하시는 예수님의 신비, 즉 말씀의 강생 신비의 훌륭함과 위대함을 설명하려니 시간이 허락되지 않는다. 그래서 나는 단지 이러한 짧은 말로써 만족하려 한다. 우리는 여기서 예수 그리스도의 첫 번째 신비, 즉 가장 감추어져 있고, 가장 고결하고, 가장 덜 알려진 그 신비에 관해서 알아보도록 하겠다. 예수께서 마리아와 일치하여 "하느님의 비밀의 방"(성 암브로시오)이라고 불리는 어머니의 자궁 안에서 모든 선택된 사람들을 부른 것은 바로 이 신비 안에서이다. 예수께서 "그는 세상에 들어오면서 '오 하느님, 저는 당신의 뜻을 이루려고 왔습니다'"(히브 10, 5-9)라고 하신 말씀과 같이, 그분이 만드시고 받아들인 그분의 일생의 모든 다른 신비들을 행하신 것은 바로 이 신비 안에서이다.

그러므로 이 신비는 다른 모든 신비들의 요약이며, 모든 이들의 의지와 은총을 내포하고있다. 마지막으로, 이 신비는 하느님의 자비와 자유와 영광의 옥좌라고 할 수 있다. 우리가 마리아를 통하지 않고는 예수님께 말씀드릴 수 없고 그분을 볼 수 없기에, 이 신비는 우리에게 있어 하느님의 자비의 옥좌가 된다. 어머니의 말씀에 항상 귀 기울이시는 예수님께서는 당신의 은총과 자비를 불쌍한 죄인들에게 주신다. "그러므로 신뢰를 가지고 은총의 옥좌로 나아갑시다"(히브 4, 16). 새 아담이 이 참된 지상 낙원에 거하시는 동안에 천사들도 사람들도 이해할 수 없을 만큼 많은 비밀스런 기적들을 행하셨기 때문에, 그것은 마리아에게 있어 예수 그리스도의 자유의 옥좌이다. 그리고 이 때문에 마치 하느님께서 단지 마리아 안에서만 관후하신 것처럼(이사 33, 21 참조) 모든 성인들이 마리아를 '하느님의 관후'라고 부르게 되었다. 이 신비는 아버지 하느님께 그분 영광의 옥좌가 되시는데, 왜냐하면 예수 그리스도께서 사람들에 대하여 분노하신 하느님 아버지를 잠잠케 하신 것은 마리아 안에서이고, 사람들이 지은 죄악들이 그분으로부터 빼앗아갔던 영광을 보상하신 것도 마리아 안에서이며, 예수님께서 당신의 의지와 당신 자신을 희생시킴으로써 사람들로부터는 결코 받지 못하셨던 무한한 영광을, 구약의 희생 제사가 드렸던 것보다 더 큰 영광을 아버지 하느님께 드린 것도 마리아 안에서이기 때문이다.

5. 성모송과 묵주기도에 대한 신심

249. 마리아의 종들은, 소수의 신자들만이 그 가치와 공로 또 그 뛰어남과 필요성을 알고 있는 '천사의 인사'라는 성모송을 정성되이 바친다. 마리아께서는 이 기도의 가치를 보여주기 위해서 도미니코 성인, 카피스트라노의 요한 성인과 복자 알라노에게 발현하셨다. 이 성인들은 사람들을 회개시키기 위해서 이 기도의 신비함과 그 효과에 대한 많은 책들을 썼으며, 인류의 구원도 가브리엘 천사의 아베 마리아(성모송)를 통해서 시작되었으니까 각 개인의 구원도 이 기도와 밀접하게 깊이 관련되어 있다고 널리 알리고 또 선언하였던 것이다. 성모송이야말로 거칠고 메마른 이 세상에 생명의 열매를 맺게 하였고, 이 기도를 열심히 바칠 때 우리들의 영혼 속에 하느님의 말씀의 새싹이 피어나게 하여 생명의 열매인 그리스도를 향해 성장해갈 것이라고 성인들은 말한다. 그리고 이 성인들은, 성모송은 영혼의 땅을 적셔주어 때가 되면 열매를 맺게 하는 천상의 이슬이라고 말하였으며, 또한 기도의 천상 이슬을 마시지 않은 영혼은 아무런 열매도 맺지 못하고 가시와 엉겅퀴만을 나게 하여 마침내 저주를 받아 불에 던져질 위험을 당하게 될 것(히브 6, 8 참조)이라고 말하였다.

250. 복자 알라노 드 로쉬가 묵주기도의 존엄성에 관하여 자신의 책에 썼던 것처럼, 마리아께서는 그에게 발현하여 이렇게 말

씀하셨다. "나의 아들아, 전 인류에게 구원을 들려준 가브리엘 천사의 인사말(성모송)을 바치는 것에 누가 만일 불쾌감을 갖는다든지, 성모송을 외우는 데 무성의하고 태만하든지 하면 그것은 영원한 구원에 있어서 위험한 징조임을 모든 사람에게 알려라." 마리아의 이 말씀은, 우리가 만약 이 성인과 도미니코 성인 그리고 그 후의 여러 세기에 걸친 경험들이 이를 증명해주지 않는다면 우리에게 대단한 위로가 되면서도 무서운 말이기도 하다. 그래서 이단자나 무신앙인 또는 교만한 자나 세속의 자녀들이 묵주기도를 싫어하고 마리아를 멸시해온 것은 누구나 다 아는 사실이다. 이단자는 그래도 주님의 기도는 외우지만 성모송이나 묵주기도는 외우지 않는다. 그들은 그것을 싫어하기 때문이다. 가톨릭 신자들 중에서도 교만한 사람들은 그들의 아비인 루치펠을 따라 성모송을 멸시하고 냉대하여, 묵주기도는 무식하고 교양 없는 사람들에게나 어울리는 것이고 주로 여자들이나 하는 기도라고 생각한다. 하지만 이와는 정반대로 하느님의 진실한 자녀들은 성모송을 좋아하고 소중히 여기며, 그의 참다운 뜻을 알고 기꺼이 성모송을 바친다. 하느님의 종이 되면 될수록 이 성모송을 즐겨 바친다. 이는 또한 마리아께서 복자 알라노에게 명백히 알려주신 사실이다.

251. 그 이유를 묻는다면 나는 잘 모르나 사실 그렇다는 것만을 알 뿐이다. 어떤 사람이 하느님의 사람인지 아닌지를 알아보기 위해서는, 그 사람이 성모송이나 묵주기도를 좋아하는지를 알아보는 것보다 더 정확한 방법은 없다고 생각한다. 성모송이나 묵주기도를 좋아한다고 말한 것은 어떠한 부득이한 이유로 성모송이나 묵주기도를 바치지 못하는 경우가 있을 수도 있기 때문이다. 그러나 비록 성모송이나 묵주기도를 바치지 못하더라도 그것을 좋아하는 사람은 역시 좋아하고 다른 사람에게도 권유하기 때문이다.

252. 마리아를 통해서 예수님의 종이 된 선택된 영혼들아, 성모송은 주님의 기도 다음으로 모든 기도들 중에서 가장 아름다운 기도임을 잊지 말아라. 성모송은 그대들이 마리아에게 바칠 수 있는 가장 완전한 찬미이다. 왜냐하면 그것은 하느님께서 마리아의 마음을 얻기 위해 대천사를 통해 보여주셨던 바로 그와 똑같은 찬미이기 때문이다. 이 찬미는 그 안의 신비스러운 매력으로 말미암아 마리아의 마음을 사로잡았던 것이다. 즉 깊이를 알 수 없을 만큼 깊은 마리아의 겸손에도 불구하고 동정녀 마리아는 영원한 말씀이 사람이 됨을 즉시 승락하셨던 것이다. 여러분들도 이 성모송을 올바르게 잘 바치면 틀림없이 마리아의 마음을 움직이게 될 것이다.

253. 성인들의 말에 의하면, 주의 깊고 경건하게 또 정숙하게 바쳐진 성모송은 마귀들을 몰아 쫓는 마귀의 적이 되고, 마귀들을 분쇄하는 망치가 되며, 영혼들에게는 성화의 도구가 되고, 천사들에게는 기쁨이 되며, 또한 성모송은 선택된 사람들의 노래이고, 신약新約의 찬미가이며, 마리아의 환희이고, 삼위일체이신 하느님의 영광이기도 하다. 성모송은 영혼을 풍성하게 하는 천상의 이슬이고, 마리아에게 드리는 정결한 사랑이며, 마리아에게 선사하는 타는 듯한 붉은 장미와 귀중한 보석과 신주神酒와 신약新藥으로 가득 찬 그릇이다. 그런데 이러한 모든 비유들은 성인들의 입에서 나온 말씀들이다.

254. 그러므로 예수님과 마리아에 대하여 내가 가진 사랑에 의해 여러분들에게 간청하는 바는, 매일 묵주기도를 하되 시간이 있으면 매일 십오 단을 바치라는 것이다. 그러면 여러분들이 죽을 때, 나의 이 말을 믿었던 그 날과 그 시간을 고맙게 여기게 될 것이다. 그리고 여러분들이 예수님과 마리아의 축복 속에서 씨를 뿌려놓았

기 때문에 천국에서는 영원한 축복이 여러분들의 수확이 될 것이다(2코린 9, 6 참조).

6. 성모 찬송에 대한 신심

255. 오와니의 복녀 마리아와 다른 많은 성인들의 모범에 따라 마리아의 종들도 하느님께서 동정녀 마리아에게 주신 은총에 감사하기 위해 자주 성모 찬송(마니피캇)을 노래하도록 노력하지 않으면 안 된다. "마니피캇"은 마리아가, 엄밀히 말하면 마리아의 태중에 있던 예수님께서 마리아의 입을 빌려서 지은 유일한 기도이며 작품이다. 그것은 은총의 율법들 중에서 하느님께서 받아들인 가장 아름다운 찬미가이며, 지극히 겸손하고 감상에 충만한 찬미가이면서 또한 찬미가들 중에서 가장 숭고하고 의기충천하는 노래이다. 또 이 찬미가 안에는 천사들도 파악할 수 없는 심오한 신비들이 가득 숨어있다. 경건하고 박식한 학자 제르송은 생애의 대부분을 저작에 바쳤으나, 만년晚年에 이르러서는 자신의 모든 저서들을 장식하기 위해서 놀라운 감격 속에서 마니피캇의 해설을 저술하기 시작했던 것이다. 그런데 그가 저술한 이 책들은 하느님을 찬미하는 이 아름다운 찬미가가 얼마나 놀랍고 훌륭한가를 우리에게 보여주고 있다. 그는 또, 마리아께서 스스로 이 기도를 자주 하셨고, 특히 영성체 후에 감사의 기도로서 '마니피캇'을 불러 기도했다고 기록하였다. 벤조니우스(루틸리오)는 '마니피캇' 해설서에서 이 찬미가에 의해서 일어났던 여러 가지 기적들을 말하면서 이 찬미가의 소리, 즉 "주님은 전능하신 팔을 펼치시어 마음이 교만한 자들을 흩으셨습니다"(루카 1, 51)를 부를 때는 마귀들이 뿔뿔이 흩어져 달아났다고 말한다.

7. 세속을 업신여김

256. 마리아의 충실한 종들은 부패된 세속을 미워하고 멸시하고 피하며, 이를 위해서 내가 이 책의 첫 부분에서 말한 세속을 업신여기는 데 대한 실천사항들을 행하지 않으면 안 된다.

제2절
완덕을 지향하는 영혼들의 특별한 내적 신심 행위

257. 각자가 자기 신분이 요구하는 의무에 따라 게을리하거나 무시해서는 안 되는 지금까지 살펴본 외적인 신심 행위 이외에, 이제부터는 성령의 부르심을 따라 완덕으로 나아가려는 사람들을 매우 성화시키는 내적인 신심 행위에 대해 말하고자 한다. 그런데 이 내적 신심은 네 가지로 표현할 수 있다. 즉 사람이 자기의 모든 행동을 그리스도를 통해서, 그리스도와 더불어, 그리스도 안에서, 그리고 그리스도를 위하여 더욱 완전히 행하기 위해서 마리아를 통해서, 마리아와 더불어, 마리아 안에서 그리고 마리아를 위해서 행동하는 것이 바로 그것이다.

1. 모든 것을 마리아를 통해서

258. 우리는 모든 것을 마리아를 통해서 해야 한다. 모든 일에 있어서 마리아에게 순종하고 성령의 영감靈感이신 마리아의 정신에 의해서 인도되어야 한다. "누구든지 하느님의 성령의 인도를 따라 사는 사람은 하느님의 자녀입니다"(로마 8, 14)라고 말한 바와 같이, 마리아의 정신에 의해서 인도되는 자는 마리아의 자녀이며, 전에 말한 바와 같이, 하느님의 자녀이기도 하다. 마리아의 많은 종

들 가운데서 마리아의 정신에 의해서 인도되는 사람만이 참되고 충실한 신심가이다. 내가 이미 말한 바와 같이, 마리아는 무슨 일이든지 자기 자신의 생각에서 행동하지 않고 항상 성령에 의해서 인도되었으므로, 마리아의 정신은 바로 하느님의 정신이라고 할 수 있다. 성령께서는 마리아의 주인으로서 마리아를 완전히 지배했기 때문에 마리아 자신의 정신이 되어버린 것이다.

그렇기 때문에 암브로시오 성인은 "마리아의 영혼은 주님을 찬미하기 위해서 우리 모두 안에 살고, 마리아의 정신은 하느님을 기쁘게 하기 위해 우리 안에 있다"라고 말했다. 거룩한 죽음을 맞이한 예수회의 로드리게 수사처럼 유순하면서도 강직하고, 열렬하면서도 신중하고, 겸손하면서도 용감하고, 순수하면서도 풍성한 마리아의 정신에 완전히 사로잡혀 인도되는 자는 얼마나 행복할까!

259. 영혼이 마리아의 정신에 의해서 인도되려면 다음과 같이 해야 한다.

첫째, 모든 행동에 앞서(예를 들면 기도하기 전에, 미사를 드리거나 미사에 참례하기 전에, 영성체 하기 전에) 자신의 생각과 마음을 완전히 버리지 않으면 안 된다. 그것은 우리의 생각과 마음과 행동이 우리 눈에는 착하게 보인다 해도 거기에는 어둠과 부패가 있기 때문에, 그것을 그대로 따른다면 마리아의 거룩한 정신을 방해하기 때문이다.

둘째, 자신을 마리아의 뜻에 완전히 내맡겨서 마리아께서 원하시는 대로 우리를 이끄시도록 해야 한다. 우리는 일하는 사람의 손에 주어진 연장처럼 또는 연주자의 손에 있는 악기처럼, 정결한 마리아의 손에 완전히 의탁해야 한다. 바닷속에 던져지는 돌처럼 마리아에게 자신을 맡겨야 한다. 간단하고도 빠르게 되기 위해서는, 잠깐 동안 고쳐 잡은 정신과 마음의 움직임에 의해, 혹은 "사랑하

올 어머니 마리아님, 저는 당신께 의탁합니다" 하는 한마디의 말로
도 충분하다. 이러한 일치의 행동에 의해서 우리가 어떤 감정적인
기쁨을 느끼지 못하더라도 그것으로써 효과가 떨어지는 것은 아니
다. 이와 똑같은 마음가짐으로 만일 "나는 나를 악마에게 맡깁니
다" 하고 말했다면, 비록 그것으로 인해 아무런 감정적 변화는 갖
지 못했다 해도 실제로 악마의 종이 된 것과 마찬가지이다.

셋째, 우리는 어떤 행동을 할 때나 하고 난 후에 봉헌과 일치의
행동을 때때로 새롭게 해야 한다. 이렇게 하면 할수록 우리는 그만
큼 빨리 성화될 것이며, 그만큼 빨리 그리스도와의 일치에 도달할
것이다. 마리아의 정신이 또한 예수 그리스도의 정신도 되기 때문
에, 예수 그리스도와의 일치는 항상 마리아와의 일치의 필연적 결
과인 것이다.

2. 모든 것을 마리아와 더불어

260. 우리는 무슨 일을 하든지 마리아와 더불어 해야 한다. 즉
우리는 모든 일에 있어서 마리아를 성령께서 순수한 한 인간 안에
이루어놓은 완덕의 완전한 모델로서 생각해야 한다. 그렇게 함으
로써 우리의 미약한 힘으로 마리아를 모방하고 무슨 일을 할 때마
다, "마리아께서는 어떻게 했을까?" 혹은 "마리아께서 지금의 나
와 같은 처지에 있다면 어떻게 했을까?" 하고 생각해보아야 한다.
그러므로 마리아께서 살아계시는 동안 실천한 위대한 성덕을 묵상
하지 않으면 안 된다. 특히 가브리엘 대천사가 전하는 말을 조금도
주저함 없이 믿은 확고한 신앙, 갈바리아 산에 올라 십자가에 달리
신 아드님의 발아래 서 있을 수 있었던 활기 있는 신앙, 자기 자신
이 세상에 드러나는 것을 싫어하고 침묵하며 모든 일에 순종하고
끝자리에 앉기를 좋아한 깊은 겸손, 세상에 일찍이 없었고 앞으로

도 없을 마리아의 천상적 순결함을 본받아야 한다.

한 번 더 말하는 바이지만, 시간과 비용을 적게 들이면서 살아계신 하느님의 모상을 나타낼 수 있는 위대하고 유일한 주형鑄型은 바로 마리아시다는 것을 명심해주기 바란다. 그리고 이 주형을 찾아 그 속에 흘러드는 영혼은 곧 예수 그리스도를 닮게 되므로, 그것은 이 주형이 자연적으로 충실히 그리스도를 판에 찍어내기 마련이기 때문이다.

3. 모든 것을 마리아 안에서

261. 우리는 모든 것을 마리아 안에서 해야 한다. 이를 잘 알아듣기 위해서는 먼저, 마리아는 새 아담의 참된 지상 낙원임을 알아야 한다. 옛 낙원은 바로 이 낙원의 상징에 불과했다. 그러므로 이 지상 낙원에는 새 아담인 예수 그리스도께서 남겨둔 신묘한 부귀영화로 가득 차 있다. 예수께서는 이 낙원에서 9개월 동안이나 기쁨을 누리셨고 기적을 행하시고, 하느님의 너그러우심으로 당신의 풍요함을 전개시키셨다. 이 거룩한 낙원은 온전히 정결하고 죄악에 물들지 않은 흙(에덴)으로 이루어졌으며, 성령의 역사하심으로 말미암아 새 아담은 어떤 오점이나 티끌도 없이 그 땅의 흙으로 형성되고 있으며, 그 땅 위에서 양분을 얻고 성장하였다. 이 지상 낙원에는 생명의 열매, 즉 그리스도를 결실케 하는 생명의 나무가 있고 세상에 빛을 주는, 즉 선악을 분별케 하는 나무가 있다. 이 하느님의 정원에서 하느님의 손으로 심어져서 천상의 이슬을 먹고 자라나는 이 나무는 날마다 천상의 감미甘味가 풍부한 과일을 맺는다. 그곳에는 또한 헤아릴 수 없이 많은 여러 가지의 아름다운 성덕의 꽃들과 천사들이 탄복하는 아름다운 향기로 가득 찬 화단들이 있다. 이 정원에는 희망의 푸른 들이 있고, 철석같이 견고한 높은 탑

이 있으며 편리한 집이 있다.

이러한 물질적인 상징 밑에 숨은 진리를 우리가 알게 되도록 하실 수 있는 분은 오직 성령뿐이시다. 이곳에는 먼지 하나 일지 않는 맑은 공기가 있고, 밤이 없는 그리스도의 인성人性을 위한 영광의 날이 계속되고 있으며, 천주성의 그림자 없는 찬란한 태양이 있고, 끊임없이 타오르는 사랑의 화덕이 있는데 거기서 쇠가 녹아 황금으로 바뀐다. 그리고 이 땅에는 네 가닥(사추덕)으로 갈라져 흘러내리는 겸손의 강이 있어 이 낙원을 흠뻑 적셔준다.

262. 교부들의 입을 통해서 성령께서는 마리아를 대사제인 예수 그리스도께서 세상에 드나드는 동쪽 문(에제 44, 1-2 참조)이라고 부르셨다. 그리스도께서는 처음에 마리아를 통해서 세상에 오셨고 두 번째 역시 그 문을 통해서 오실 것이다. 마리아는 또한 하느님의 지성소, 안식처, 어좌, 도성都城, 나라라고도 불린다. 이 여러 가지의 칭호와 찬사는 마리아에게 지당한 것일 뿐만 아니라, 지존하신 하느님께서 마리아에게 영광을 주신 신비와 은혜에 알맞은 표현이다. 지존하신 하느님께서 당신 영광의 어좌를 마리아 안에 정하시고 거기서 사셨는데 우리가 그 안으로 들어가 머물 수 있게 하셨으니, 이 얼마나 큰 부귀이며 영광이며 기쁨이며 행복인가!

263. 그러나 우리 같은 죄인들이 이렇게 숭고하고 신성한 곳에 들어갈 수 있는 자유와 능력과 빛을 얻기란 얼마나 어려운 일이겠는가! 거기는 옛날의 낙원처럼(창세 3, 24 참조) 케루빔 천사가 지키지 아니하고 성령께서 직접 지키고 계시기 때문이다. 성령께서는 이 지성소(마리아)의 절대적인 주인으로서 다음과 같이 말씀하신다. "나의 누이, 나의 정배인 그대는 울타리 두른 동산이요, 봉해둔 샘이로다"(아가 4, 12). 아, 과연 마리아는 울타리로 둘러싸여 있

고 봉인되어 있다. 그래서 낙원에서 쫓겨난 아담과 하와의 불쌍한 자녀들은 성령의 특별한 은총에 의해서만 이 새로운 낙원에 들어갈 수 있다. 그런데 그들은 이 은총을 자신의 공로로써 얻어야 한다.

264. 누구든지 자신의 충실함으로 이 영광스러운 은총을 얻은 후에는 즐거이 마리아의 아름다운 내부로 들어가서 평화로운 안식을 취해야 하고 의탁해야 하며, 확신을 가지고 마리아에게 완전히 자신을 맡겨야 한다. 그러므로 이 정결한 품속에서 첫째, 영혼은 마리아의 모성적인 은총과 자애로 양육될 것이며, 둘째, 모든 불안과 고민과 근심에서 완전히 풀려나게 된다. 셋째, 이 영혼들은 그곳에서 절대로 그 안에 침범하지 못하는 악마와 세속과 죄악에 대한 무서움을 가질 필요가 없게 될 것이다. 그러므로 마리아께서 "그 안에서 모든 일을 하는 자는 죄를 짓지 않는다", 즉 정신적으로 온전히 마리아 안에 사는 사람들은 결코 아무런 죄도 범하지 않는다고 말씀하신 것은 바로 이 때문이다. 넷째, 영혼은 그리스도 안에서 형성되고 그리스도께서는 마리아의 품속에서 형성된다. 왜냐하면 마리아의 가슴은 교부들의 표현을 빌리자면, 하느님의 신비들로 가득 찬 방이며, 거기서 예수 그리스도와 선택된 모든 이들이 형성되기 때문이다. "모두 그에게서 태어났기 때문이다"(시편 87, 5).

4. 모든 것을 마리아를 위해서

265. 마지막으로, 위는 모든 것을 마리아를 위해서 해야 한다. 우리 자신을 전부 마리아에게 바친 이상, 시중드는 몸종이나 노예와 같이 모든 것을 마리아를 위해서 행하는 것은 당연한 일이다. 예수 그리스도만이 우리의 최종 목적이지만, 우리는 마리아를 예수께로 나아가는 신비로운 수단이며 최종 목적을 이루는 쉬운 길

로 택하였기 때문이다. 충실한 종 또는 하인으로서 우리는 게으르지 말고 이 숭고한 여주인을 위해서 위대한 일을 계획하고 실천해야 한다. 마리아의 특권이 어떤 비난의 대상이 되어 있을 때에는 어떠한 공박에도 항변하여 그 특권을 수호해야 하고, 마리아를 공격하면 그의 영광을 옹호해야 한다. 할 수 있으면 우리는 세상 모든 사람들로 하여금 마리아에게 봉사하게 하고, 참되고 순수한 마리아 신심을 가지게 해야 하며, 이 신심을 경멸하여 성자 그리스도를 모욕하는 사람들에 대해서는 소리 높여 그들의 잘못을 외우는 동시에 마리아 신심을 널리 전파해야 한다. 그리고 우리는 마리아께 대한 이 작은 봉사의 값으로 이 사랑하올 여주인 마리아의 종이 되는 영광과, 현세와 영원에 있어서 그분의 아드님 예수 그리스도와 굳게 결합되어 있는 행복 이외에는 아무것도 바라지 말아야 한다.

마리아 안에서 예수 그리스도께 영광!

예수 그리스도 안에서 마리아께 영광!

오로지 하느님께 영광!

5. 영성체 할 때 이 신심을 실천하는 방법

1) 영성체 전

266. 첫째, 하느님 앞에서 그대를 깊이 낮추어라! 둘째, 완전히 타락한 그대 자신과 그대의 눈에 훌륭하게 보이는 모든 자애심을 버려라. 셋째, "어머니, 저와 저의 모든 것이 오로지 당신의 것입니다" 하며 그대의 봉헌을 새롭게 하라. 넷째, 예수님의 영광에 맞지 않는 그대의 더럽혀지고 변덕스러운 마음으로 인해 예수님께서 그대에게 오시기에는 부당하므로, 예수님께 합당하게 되도록 어머니 마리아의 마음을 빌려주고 도와주시라고 마리아께 간청하여라.

마리아의 아들 예수님을 받아 모시기 위하여 마리아께서 그대에게 오시고 함께 머무시도록 간청한다면, 모든 사람의 마음을 다스리시는 마리아께서는 그렇게 하실 수 있다. 그리되면 당신의 아들 예수님은 더러움이나 잃어지실 위험 없이, 모욕당하시거나 무시받음 없이 성모님에 의해 잘 받아들여지실 것이다. "그 한가운데에 하느님이 계시므로 흔들림이 없으리라"(시편 46, 5).

그리고 그대가 마리아에게 드리는 모든 선행이 마리아에게 영광이 되기에는 너무나 작지만, 영원하신 아버지께서 당신께 주신 것과 똑같은 선물을 영성체로써 마리아에게 만들어드리고 싶다고 신뢰심을 다해 말하라. 그러면 그대가 이 세상의 모든 부귀를 바친 것보다도 더 마리아를 영광되게 할 것이고, 결국 마리아 안에서 즐거움을 누리며 편안히 쉬시기를 원하시는 그리스도께서는 비록 그대의 영혼이 마구간보다도 더 초라하고 불결하지만 마리아께서 거기 계시므로 주저하지 않으시고 오실 것이다. "오, 마리아님, 당신을 저의 모든 것으로 받아들이오니, 당신의 마음을 제게 주소서!"라는 정성 어린 말로 마리아의 마음을 구하라!(요한 19, 27과 잠언 23, 26을 묵상하라)

2) 영성체 하는 동안

267. 예수 그리스도를 받아 모실 준비가 다 되었으면 곧 "주님, 제 안에 주님을 모시기에 합당치 않사오나 한 말씀만 하소서. 제가 곧 나으리이다" 하고 세 번 외워라! 첫 번째는 우선 영원하신 아버지께 말해야 하는데, 배은망덕과 나쁜 생각을 함으로써 외아들을 받아 모시기에 부당하지만 아버지의 종(루카 1, 38) 마리아께서 그대를 대신하여 영성체 하고 지존하신 아버지께 대한 신뢰와 희망을 주실 것이라는 말씀을 드려라!

268. 두 번째는 "주님, 제 안에 주님을 모시기에 합당치 않사오나 한 말씀만 하소서. 제가 곧 나으리이다" 하고 성자 예수님을 향해서 말하라! 그대의 쓸데없는 나쁜 말들과 예수님을 섬기는 데에 충실하지 못했음으로 인해 주님을 받아 모시기에 부당하지만 그러나 영성체 하면서, 그대가 그분을 주님의 어머니이면서 또한 그대의 어머니이신 마리아의 집에 모시겠음을 말씀드려라. 또 주님께서 그대를 불쌍하게 여겨주실 것을 말씀드려라! 주님께서 일어나셔서 당신의 휴식처로, 당신의 계약 궤로 오십사고 청하여라. 그대는 에사우와 같이 자신의 힘이나 공로나 준비를 믿지 말고 어린 야곱이 어머니 레베카를 신뢰한 것처럼, 그대의 사랑하올 어머니 마리아의 힘과 공로만을 완전히 믿는다는 것을 주님께 말씀드려라. "야훼님, 당신 쉬실 곳으로 갑시다. 당신의 힘 깃들인 계약 궤와 함께 갑시다"(시편 132, 8). 그대는 비록 에사우와 같은 죄인이긴 하지만 거룩하신 어머니의 공로와 성덕의 힘에 의지하여 지극히 거룩하신 성자 예수님께 감히 나아간다고 말씀드려라.

269. 마지막으로 세 번째는 "주님, 제 안에 주님을 모시기에 합당치 않사오나 한 말씀만 하소서. 제가 곧 나으리이다" 하고 성령께 말씀드려야 한다. 그대가 행한 모든 것이 열성 없고 죄스러운 것이며 성령의 감도하심에 순종하지 않았으므로 성령의 사랑의 걸작품인 예수님을 받아 모시기에 부당하지만, 그러나 그대는 성령의 충실한 정배이신 마리아를 완전히 신뢰한다고 말씀드려라. 그러므로 성 베르나르도와 같이 "마리아께서는 저의 모든 희망의 근원이시니, 저는 마리아에게 저의 모든 신뢰를 두나이다" 하고 성령께 말씀드려라! 그대는 성령께 정배이신 마리아를 또 찾아오시라고 청하면서 마리아의 품속은 그 어느 때와 마찬가지로 순결하고 마음은 항상 사랑의 불로 타오르고 있으며, 그대 영혼 속에 성

령께서 내려오시지 않으시면 그곳에 예수님이나 마리아도 형성되지 않거나 혹은 마땅하게 거하시지 못하실 것이라고 말씀드려라.

3) 영성체 한 후

270. 성체를 영하고 나서는 눈을 감고 마음을 가다듬어 예수 그리스도를 마리아의 마음 안으로 모셔 들이도록 하여 그리스도를 그분의 어머니에게 맡겨라! 그러면 마리아께서는 예수님을 충만한 사랑으로 맞아들이시고, 예수님께 알맞는 자리를 마련해주시며, 정성되이 경배하시고 완전한 사랑을 드리시며, 꼭 끌어안으시고 우리의 짙은 어둠 때문에 우리가 알 수는 없지만 여러 가지 의무를 다하실 것이다.

271. 그대는 또한 세상에 내려와서 마리아 안에 살아계신 예수님 앞에서 자신을 마음으로 깊이 낮추지 않으면 안 된다. 혹은 그대는 궁전의 문지기로서 왕이 여왕과 서로 이야기하는 동안 그 곁에 공손히 서 있어야 한다. 두 분이 서로 이야기하는 동안에 그대를 필요로 하지 않으면 그대는 정신으로 하늘과 땅을 두루 다니면서 모든 피조물들이 예수님과 마리아께 감사하고 경배하며 그분들을 사랑하라고 청하여라. "어서 와 허리 굽혀 경배드리자"(시편 95, 6).

272. 그대도 마리아와 일치하여 예수님께 간청해야 한다. 예수님의 어머니 마리아를 통하여 그분의 왕국이 이 세상에 빨리 이루어지고, 하느님의 지혜와 사랑을 내려주시며, 죄의 용서와 은혜를 내려주시기를 마리아를 통하여 마리아 안에서 간구해야 할 것이다. 그리고 그대 자신을 살피면서 "주님, 저의 죄를 보지 마시고 마리아의 성덕과 공로만을 보소서" 하고, 또 계속해서 그대의 죄

를 반성하여 "주님, 저는 이 죄를 범하였나이다. 흉악한 원수인 제 자신을 물리쳐 이기게 하소서"(마태 13, 28 참조) 하고 말하라. 혹은 "그는 죄를 범하고 속이는 사람이니, 그 사람으로부터 저를 구하소서"(시편 43, 1 참조) 하거나, 또는 "저의 예수님, 주님은 제 안에서 더욱 커지셔야 하고 저는 스스로 작아지게 하소서"(요한 3, 30 참조) 라고 말하라. "오, 예수, 마리아님, 제 안에 사시며 다른 사람들 안에서도 거처하소서"(창세 1, 22 이하 참조) 하고 말하라.

273. 그대가 만일 참으로 내적 인간이 되어 고행하고 내가 그대에게 가르친 위대하고 고상한 이 신심을 충실히 실천한다면, 성령께서는 그대에게 한없이 많은 영감을 주실 것이다. 그러나 그대가 영성체 중에 마리아께서 활동하시도록 맡겨드리면 드릴수록, 예수 그리스도께서 그만큼 더 많은 영광을 차지하게 된다는 것을 항상 명심하라. 그리고 그대가 자신을 낮추고, 보고 맛보거나 또는 어떤 감촉 없이도 평화와 침묵 중에 예수, 마리아께 귀를 기울이는 방법으로 그대는 마리아께서 예수님을 위하여 행동하시도록 맡겨드리고, 예수님께서는 마리아 안에서 행동하시도록 맡겨드리도록 하라. 언제나 믿음으로 살아야 하지만 특히 영성체 동안에는 믿음의 작용이 꼭 요구된다. "나를 믿는 올바른 사람은 믿음으로 살리라"(히브 10, 38).

십자가의 벗들에게 보내는 편지

1. 사랑하는 그대여! 피정을 끝마치는 오늘, 나는 여러분에게 십자가에 대하여 설명하고자 합니다. 명상에 잠겼던 내 내면의 쏠림에서 뛰쳐나온 나의 글귀 하나하나가 화살이 되어 여러분의 마음속을 뚫고 들어가 닿기를 바랍니다. 하느님께서 원하신다면 나는 이 화살을 아주 날카롭게 하기 위해 펜의 잉크 대신 내 심장의 피만을 사용할 수 있는 일이었다면 얼마나 좋았겠습니까? 그러나 설사 그것이 가능하다 할지라도 내 피는 아주 죄 많은 것이기에, 살아계신 하느님의 성령이 바로 이 편지의 생명과 힘, 그리고 그 내용이 되어주시길 바랍니다. 성령의 축성된 기름은 나의 잉크가 되고, 하느님의 십자가는 펜이 되어주시고, 여러분의 마음은 종이가 되기를 바랍니다!

십자가의 벗을 향한 격려

2. 십자가의 벗들이여, 여러분은 이 세상과 싸우기 위해 십자가에 못 박힌 병사들처럼 서로 뭉쳤습니다. 전장에 나가 있는 용맹하고 충실한 병사들처럼 물러서거나 도망치지 않고 굳센 투사로서 싸우기 위해서입니다. 그러니 용기를 내어 용감하게 싸우십시오! 잘 조직된 병력이 적군에 대해서 강하고 무서운 것보다도, 세상과 지옥에 대해 더 강하고 더 무서운 정신과 마음의 일치로 단단히 단결하십시오. 악마들은 여러분을 타락시키기 위해 뭉치므로 여러분도 악마들을 쳐부수기 위해 단결해야 합니다. 인색한 사람들은 부정한 이익을 얻고 재물을 긁어모으기 위해 서로 힘을 모으나, 여러분은 십자가 안에 숨겨진 영원한 보화를 얻기 위해 여러분의 노력을 하나로 뭉치십시오. 방탕한 사람들은 쾌락을 누리기 위해 일치하지만 여러분은 고통을 참아 받기 위해 일치해야 합니다. 여러분은 십자가의 벗들이라고 불립니다. 이 얼마나 위대한 일입니까! 이 이

름은 태양보다 더 빛나고, 하늘보다 더 높으며, 왕이나 황제의 그
어떤 칭호보다 더 존귀하고 영광스럽고 화려합니다. 나는 이 이름
에 완전히 매료당하고 사로잡혔음을 솔직히 인정하고 고백합니다.
그것은 바로 하느님이시요 참사람이신 예수 그리스도의 위대한 이
름이며, 그리스도인의 분명한 이름입니다.

명칭의 의미

3. 그러나 십자가의 광채는 나를 황홀케 하면서도 그 중요성은
나를 겁나게 합니다. 이 얼마나 엄청난 무게의 의미가 그 이름에 포
함되어 있는지! 성경은 이렇게 요약합니다.

"여러분은 선택된 민족이고 왕의 사제들이며 거룩한 겨레이고 하
느님의 소유가 된 백성입니다"(1베드 2, 9).

십자가의 벗은 감각적으로나 이성만으로 생활하는 수많은 사람
들 가운데서 하느님께서 선택한 사람입니다. 그는 순수한 신앙의
빛 안에 살면서 불타는 십자가의 사랑에 의해 이성을 초월하고, 관
능에 선전 포고 하는 완전한 하느님의 사람이 되어야 합니다. 십자
가의 벗은 절대적 권력을 가진 왕이며, 마귀와 세속과 세 가지 사
욕을 가진 육신과 싸워서 이기는 영웅들입니다. 그는 굴욕을 사랑
함으로써 마귀의 교만을 분쇄하고, 가난을 사랑함으로 세상의 인
색을 이기며, 극기와 절제의 덕으로 육체의 관능을 소멸합니다.

4. 십자가의 벗은 모든 세속 물질에서 멀리 떠난 거룩한 사람들
로서, 그의 마음은 소멸하기 쉽고 덧없는 모든 것들을 초월하고 오
직 하늘 나라에서 거닙니다. 그는 세상을 걸어가되 마치 외국인이
나 나그네같이 마음은 그곳에 집착하지 않고 세상을 무관심하게 스
쳐가며 바라보고 업신여겨 마음에 두지 않습니다.

5. 십자가의 벗은 갈바리아에서 성모님과 일치하여 십자가에 못
박히신 예수 그리스도의 영광에 찬 전리품들이며, 당신의 고통스
러운 마음으로 낳아서 당신의 뚫린 오른쪽 옆구리로 해서 완전히
피투성이가 된 채로 세상에 태어난 오른편의 아들 벤오니 또는 벤
야민입니다. 이렇게 그는 피와 고통에서 태어났기 때문에 십자가
와 피와 죽음 외에는 아무것도 아는 것이 없습니다. 그는 이 세상
에서 그리스도와 함께 하느님 안에 완전히 숨어 있기 위해 세속과
육신과 죄악과는 관계를 끊어버립니다.

6. 끝으로, 십자가의 완전한 벗은 진정으로 그리스도를 소유한
자, 아니 그보다도 예수 그리스도입니다. 그래서 그는 "이제는 내
가 사는 것이 아니라 그리스도께서 내 안에 사신다"(갈라 2, 20)고
말할 수 있습니다.

의무

7. 사랑하는 십자가의 벗들이여, 여러분은 행동으로 위대한 이
름이 가리키는 그런 사람들입니까? 여러분은 골고타 위의 십자가
그늘 아래 고통 받는 성모님 곁에서 하느님의 은총으로 십자가를
즐겨 짊어지겠다는 참다운 원의와 굳은 의지를 가지고 있습니까?
이러한 목적을 달성하기에 필요한 수단과 방법들을 사용하고 있습
니까? 참된 삶의 길인 골고타로 향하는 좁은 가시밭길로 들어섰습
니까? 무의식 중에 파멸로 이끄는 세상의 넓은 길로 접어든 것은
아닙니까? 곧고 안전하게 보이는 길은 죽음에 이르게 한다는 사실
을 알고 있습니까? 하느님과 은총의 목소리를 세상과 자연의 소리
와 분별합니까? 세상의 욕정을 추종하는 모든 사람들에게 엄한 저
주를 내리는 우리의 착하신 아버지, 하느님의 목소리가 잘 들립니

까? 하느님께서 애정을 기울여 두 팔을 활짝 펴시며 그대를 향해 부르시는 소리에 귀를 기울이십니까?

"내 선택된 백성, 사랑스런 십자가의 벗들이여, 내 위엄의 저주를 받고 내 아들 예수에게서 배척을 당했고 성령이 벌을 내린 세속의 자식들에게서 멀리 떠나 있어라. '악을 꾸미는 자리에 가지 아니하고 죄인들의 길을 거닐지 아니하며 조소하는 자들과 어울리지 않도록'(시편 1, 1) 자신을 잘 경계하라. 크고 사악한 바빌론을 피하라. 다만 내 사랑하는 아들, 너희의 길이요 진리요 생명이며 또한 너희가 마땅히 따라야 할 표양인 예수의 목소리만을 듣고 그의 발자취만을 따르며 그의 말을 들어라!"

당신의 십자가를 지시고 여러분에게, "나를 따라오너라. 나를 따르는 자는 어둠 속을 걷지 않는다. 용기를 내어라, 내가 세상을 이겼다" 하고 말씀하시는 예수님의 말씀을 듣습니까?

두 편

8. 사랑하는 형제들이여, 이 두 편을 보십시오. 바로 예수 그리스도의 편과 세상의 편입니다.

9. 자비하신 구세주 예수님의 편은 세상의 악으로 인해 더없이 좁아진 오른편 길로 해서 올라갑니다. 이 착한 스승이신 주님께서는 머리에 가시관을 쓰시고 온통 상처투성이의 몸으로 무거운 십자가를 지시고 맨발로 그 길을 앞장서 걸어가십니다. 오직 용감한 몇몇 사람들만이 그분의 뒤를 따릅니다. 그러나 대부분의 사람들은 세상의 혼란 속에서 그분의 조용한 음성을 알아듣지 못했거나, 평생 동안 충실해야 할 청빈과 겸손을 지니고 고통을 참아 받으며 그분을 따라갈 용기를 가지지 못하고 있습니다.

10. 왼편은 수도 많고 또 보기에 굉장하고 찬란한 세상과 마귀의 편입니다. 비록 넓고 큰 길임에도 사람의 홍수로 혼잡을 이루고 그 길은 어느 때보다 더 붐빕니다. 그 길 위에는 꽃들이 깔려 있고 놀이와 쾌락으로 흥청거리며 금과 은으로 포장되어 있습니다.

11. 오른편의 그리스도를 따르는 작은 양 떼는 눈물과 보속, 기도와 극기에 대한 말밖에 하지 않습니다. 눈물로 되풀이되는 이런 말들이 끊임없이 들려옵니다. "우리는 고통을 참아 받고, 울며 단식하고, 숨어 기도하며, 자기를 비우고, 겸손하며 금욕하자! 예수 그리스도의 정신과 십자가의 정신을 갖지 않은 자는 구세주의 종이 아니다. 예수 그리스도께 속한 사람들은 육체를 그 정욕과 함께 십자가에 못 박았다. 예수님의 모습과 일치되지 않은 자는 희망이 없다"고 외칩니다.

그들은 또 이렇게 외칩니다. "용기를 가져라. 하느님께서 우리 편이 되시고, 우리 가운데, 우리 앞에 계시니 누가 감히 우리와 맞서겠는가?(로마 8, 31) 우리 안에 사시는 분은 세상에 있는 자보다 더 위대하시니 종이 어찌 주인보다 나을 수 있으랴!(요한 13, 16; 15, 20) 가벼운 고난의 일순간이 우리에게 영원한 영광을 주나니, 오직 용감하고 항구한 사람만이 천상 보화를 차지한다. 세상의 뜻을 따르지 않고 복음 정신으로 이 거룩한 싸움을 이겨 나가는 사람만이 천국에서 월계관을 얻는다(2티모 2, 5 참조). 그러므로 우리는 힘차게 싸우고 민첩하게 달려서 목적지에 도달하여 개선의 월계관을 차지하도록 하자"(1코린 9, 24-25).

12. 지금까지의 말이나 하느님의 다른 말씀으로 십자가의 벗들은 서로 격려해야 합니다.

13. 이와 반대로, 세속의 자녀들은 그들의 악의를 고집하자고 서로 부추기며 매일 이렇게 외칩니다. "편안하게 즐기면서 사는 거야! 우리는 먹고 마시며, 노래하고 춤추며 한바탕 놀아보자구! 하느님은 자비하신 분이므로 우리를 지옥에 보내려고 창조하지는 않으셨다. 하느님은 즐기는 것을 금하시지 않기에 우리가 이것 때문에 벌 받지는 않을 테니까 조금도 염려할 것 없다! 우리는 결코 죽지 않을 것이다."

그리스도의 요청

14. 사랑하는 형제들이여, 우리의 자비하신 그리스도께서 지금 여러분들을 내려다보시면서 여러분 각자에게 다음과 같이 말씀하신다는 것을 명심하십시오.

"보라! 거의 모든 사람들이 십자가의 길에 나 홀로 버려두는구나! 분별없는 우상 숭배자들은 내 십자가를 어리석은 짓이라 비웃고, 완고한 유다인들은 분노를 터뜨리며, 이단자들은 십자가를 경멸하며 때려부수고 넘어뜨린다. 그러나 흐르는 눈물과 고통으로 마음이 꿰뚫리지 않고는 말할 수 없는 것은 내가 품에 안아 기르고 나의 학교에서 가르쳤던 사람들과 나의 정신으로 생명을 불어넣어준 내 지체들마저도 나를 버리고 업신여겼으며 내 십자가의 원수가 되었다는 것이다. 너희들도 나를 버리고 거역하는 세속의 자녀들처럼 십자가에서 도망치겠느냐? 세상의 쾌락을 쫓는 사람은 그 점에 있어서 모두 가짜 그리스도인인데도 말이다. 그리고 이 세상을 본받기를 원하고, 재물을 추구하기 위해 내 십자가의 가난을 경멸하겠느냐? 너희는 쾌락을 찾아 십자가의 고통을 피하고, 명성을 얻고자 십자가의 굴욕을 미워할 것인가? 나에게는 겉으로는 친구처럼 나를 사랑한다고 말하면서도 십자가를 사랑하지 않기에 사실은 나

를 미워하는 사람들이 많다. 나의 잔치에 자리를 같이하겠다는 벗
들은 많으나 내 십자가와 함께하겠다는 벗은 적다."

예수님을 따른 제자들의 네 가지 표시

15.　예수님의 사랑에 찬 부르심에 우리 자신을 승화시킵시다.
하와처럼 육감에 현혹되지 않도록 해야 합니다. 우리 신앙의 창시
자이며 완성자이신 십자가의 예수님만을 바라보고, 타락한 세상의
죄스런 욕망을 떠납시다. 모든 십자가를 통하여 예수 그리스도만
을 변함없이 사랑하도록 합시다.

16.　그리스도인의 완덕을 내포한 사랑하올 주님이신 스승의 다
음과 같은 놀라운 말씀을 잘 묵상하도록 합시다. "나를 따르려는
사람은 누구든지 자기를 버리고 제 십자가를 지고 따라야 한다"(
마태 16, 24).

17.　그리스도인의 완덕은 다음 네 가지의 실천적 조건으로 이
루어집니다.
　첫째, 성인이 되고자 하는 굳은 원의를 가짐 – "나를 따르려는 사
람은 누구든지"
　둘째, 자신을 비우고 자기를 끊어버림 – "자기를 버리고"
　셋째, 고난 중에 제 십자가를 짐 – "제 십자가를 지고"
　넷째, 실천적으로 그리스도를 따름 – "따라야 한다."

18.　"나를 따르려는 사람은 누구든지" – 예수님의 제자가 되기
를 원하는 사람은 진정으로 그것에 대한 확고한 지향과 뜻을 지녀
야 합니다. 그는 그것을 자연적인 편향이나 자애심, 이기심이나 체

면에서 원하기보다 모든 것을 극복하는 성령의 은총, 그러나 누구에게나 주어지는 것이 아닌 그러한 은총에 의해서만이 예수님의 제자가 되기를 원해야 합니다. 현실생활에서 십자가의 신비에 대한 깨달음은 극히 소수의 사람에게만 있을 뿐입니다. 예수님과 함께 갈바리아 산에서 자신을 십자가에 못 박기 위해, 자신의 고유한 삶의 그곳으로 걸어 오르기를 원하는 사람은 용기와 결단성 있는 영웅이어야 합니다. 세상과 지옥 그리고 자기의 몸과 의지를 중요시하지 않는 용맹한 사람, 과감한 사람이어야 하고, 하느님께로 높이 올라간 사람이어야 하며, 예수 그리스도를 위해 모든 것을 끊어버리고, 모든 일에 용감하고, 모든 일을 참아 받기로 결심한 사람이어야 합니다.

19. 사랑하는 십자가의 벗들이여! 여러분 가운데서 이러한 결심을 하지 않은 사람은 한 발로만 내딛고 한쪽 날개로만 날려는 자들입니다. 그들은 십자가의 벗이라고 불릴 자격이 없으므로 여러분 가운데 있을 자격이 없습니다. 그 이유는 그들이 그리스도처럼 십자가를 기꺼이 온 마음으로 사랑하지 않기 때문입니다. 마치 병에 걸린 한 마리 양이 전체 양 떼에게 해가 되듯이, 만일 이러한 자가 십자가에 못 박히신 예수 그리스도의 이름으로 양 우리에 벌써 숨어들어 왔다면, 양 떼 가운데 끼어든 늑대를 쫓듯 그를 내쫓아야 합니다.

20. "나를 따르려는 사람은 누구든지"라고 하시며 예수님께서 계속 말씀하십니다.
"나는 자신을 사람이라기보다는 차라리 구더기(시편 22, 6)에 비유했을 만큼 낮추고 버렸다. 나는 십자가를 짊어지기 위하여 이 세상에 와서 그 십자가를 내 마음 한가운데 심었고, 어린 시절부터 사

랑해왔다. 나는 전 생애를 통하여 십자가를 그리워했고, 그것을 즐거이 짊어졌으며, 하늘과 땅의 모든 기쁨과 즐거움보다 십자가를 더 원했다. 그리고 나는 거룩한 십자가의 품속에 죽기까지 안식을 얻지 못했다."

21. "자기를 버리고" – "그러므로 나를 따르고자 하는 사람은 내가 비천하게 못 박힌 것처럼 가난과 십자가의 굴욕과 고통만을 영광으로 여겨야 하고, 자기 자신을 끊어버려야 한다."

교만으로 십자가를 지는 모든 사람들을 십자가의 벗들의 무리에서 쫓아내야 합니다. 자신들의 지식과 재능에 자만한 세속의 현자들이나 위대한 철인 그리고 자유사상가들을 멀리해야 합니다. 크게 소란을 피우고 허영심 외에 아무런 결실이 없는 그런 수다쟁이들은 멀리 사라져야 합니다.

"나는 그런 사람이 아니다"(루카 18, 11 참조) 하며 교만한 루치펠과 같은 거만한 신심가를 내쫓아야 합니다. 그들은 용서를 청할 줄도 모르고 꾸중 듣기를 싫어하며, 변명하지 않으면서도 공격받기를 싫어하고, 자기를 높이지 않으면서도 겸손하려고 하지 않습니다. 이러한 단정한 세속주의자들은 여기서 물러나야 합니다. 그들은 약간만 찔려도 겁을 내고, 조금만 아파도 엄살을 부리며, 보속은 전혀 해본 적이 없고, 말총 내의와 거친 피륙으로 만든 옷은 입어본 적이 없으며, 유행에 따라 겉치장만 하고 무엇이나 절제하지 못하는 사람들입니다.

22. "제 십자가를 지고" – "제 십자가를 지는 자, 자신의 십자가를 지는 사람은 그 얼마나 보기 드문가! 온 세상이라도 자기 십자가의 가치를 보충하지는 못할 것이다. 기쁘게 십자가를 받고 열성적으로 그것을 품에 안으며, 용기를 내어 자기 자신의 어깨에 짊어

지되 다른 사람의 십자가가 아닌 자기 자신의 십자가를 져야 한다. 자신의 십자가란 내가 내 지혜로 그 수와 무게 그리고 크기를 그에게 맞추어준 것이고, 내 손으로 가장 면밀한 정확성을 갖고 네 가지의 특성, 즉 무게와 길이, 넓이와 깊이를 정해준 십자가이다. 그 십자가는 그를 사랑하는 마음에서 내가 골고타로 지고 갔던 그 십자가의 일부분을 그에게 잘라내어 준 것이다. 그 십자가는 세상에 있는 나의 선택된 사람들에게 줄 수 있는 가장 큰 선물이다.

십자가의 무게란 내 섭리로, 죽을 때까지 그가 매일 겪어야 하는 물질적인 손해, 굴욕, 고통, 질병 그리고 정신적인 고통 등이다. 십자가의 길이란 그가 중상모략에 시달리고, 병으로 눕고, 동냥할 처지가 되고, 유혹과 냉담과 마음의 권태와 기타 정신적인 고통으로 신음하는 나날의 연속이다. 십자가의 넓이는 친구들이나 가족 그리고 친척들로부터 받는 모든 냉대와 괴로움이다. 십자가의 깊이는 괴로움 중에 있다. 물론 모든 피조물이 나의 명령에 따라 그에게서 등을 돌리고, 그에게 고통을 더하기 위해 나와 힘을 합칠 것이다."

23. 우리는 십자가를 져야 합니다. 십자가를 억지로 질질 끌고 가거나 떨쳐버리지 말며, 잘라내거나 던져버리지도 숨기지도 말아야 합니다. 짜증을 내지도 말고 괴로워하지도 말며, 공포나 고의적인 반항도 없이, 자신을 아끼지도 말고, 부끄러워하거나 자기 학대도 하지 말고 십자가를 져야 합니다. 우리는 십자가를 앞으로 당겨 둘러메야 합니다. 바오로 사도처럼 "나에게는 우리 주 예수 그리스도의 십자가밖에는 아무것도 자랑할 것이 없습니다"(갈라 6, 14)라고 말하면서 십자가를 져야 합니다. 예수님처럼 십자가를 지고 그것을 정복자의 무기와 왕의 지팡이로 삼아야 합니다. 사랑으로 십자가를 마음속에 지녀, 그것이 밤낮으로 다할 줄 모르는 순수한 하

느님의 사랑으로 불타는 덤불이 되게 해야 합니다.

24. 우리는 십자가를 져야 합니다. 왜냐하면 그보다 더 필수적이고 유익하면서도 감미로운 것이 없고, 그 무엇도 그리스도를 위해서 고통 받는 데 있어 그렇게 영광스러운 것이 없기 때문입니다.

아버지의 나라

25. 사랑하는 십자가의 벗들이여, 여러분은 하느님의 벗이라고 생각하거나 적어도 하느님의 벗이 되기를 원한다고 자랑하지는 않습니까? 그러면 하느님의 벗이 되기 위해서는 반드시 마셔야 하는 잔을 마시겠다고 결심하십시오. 야곱의 사랑하는 아들 벤야민은 다른 모든 형제들이 곡식을 얻었을 때 그는 잔을 받았습니다. 구세주 그리스도의 마음을 차지한 예수님의 사랑하는 제자 요한 사도는 예수님과 함께 갈바리아 산에 올랐고 그분의 잔을 마셨습니다. 하느님의 영광을 바라는 것은 좋은 일이지만 모든 것을 참아 받겠다는 각오 없이는 그 희망은 어리석고 무의미한 것입니다. 여러분은 하느님 나라에 들어가기 위해 필요하고 피할 수 없는 어려움과 십자가를 통해야 합니다.

하느님의 자녀인 것을 영광으로 여기고 있는데, 그것은 당연한 일입니다. 그러므로 모든 자녀들을 바르게 교육시키는 인자하신 아버지의 거듭 내리치는 매질도 영광으로 여기십시오. 아버지께서는 당신의 모든 자녀들에게 매를 드시니까요. 만약 여러분이 하느님의 사랑스런 자녀가 아니라면, 놀랍게도 아우구스티노 성인의 말씀처럼 하느님께 버림받은 사람들 축에 끼게 됩니다. 성인이 말한 바와 같이, 이 세상에서 나그네와 이방인처럼 탄식하지 않는 사람은 저세상에서 하늘 나라의 시민으로 축복받지 못할 것입니다. 만일 하느님께서 때때로 여러분에게 좋은 십자가를 보내지 않으신다면, 그것은 하느님께서 더 이상 여러분을 돌보시지 않는다는 표시입니다. 그러면 주인의 집에 있으면서도 그의 보호를 받지 못하는 떠돌이나, 아버지의 유산을 상속받지 못하고 돌보심과 가르침을 받을 자격이 없는 의붓자식으로밖에는 보지 않으시는 것입니다.

26. 십자가에 못 박힌 그리스도의 제자들인 십자가의 벗들이여, 십자가의 신비는 이방인들에게는 알려져 있지 않고, 유다인에게는 배척당하며, 이단자와 비신자들에게는 경멸당합니다. 그러나 그것은 여러분이 그리스도의 전당에서 실제로 배워야 하고 습득해야 하는 위대한 신비입니다. 여러분이 그 신비를 학교에서 가르쳤다는 철학자를 찾거나 감각 기능이나 이성의 빛에 물어보아도 헛될 것입니다. 이 신비를 예수 그리스도만이 당신 승리의 은총으로 가르칠 수 있습니다. 그토록 위대한 스승 밑에서 뛰어난 지식에 정통해지고, 다른 모든 지식도 얻게 될 것입니다. 왜냐하면 그 지식이 가장 높은 차원에서 다른 모든 지식을 포함시키기 때문입니다.

이 위대한 지식은 우리의 자연적 및 초자연적인 철학이고 신성하고 신비로운 신학이며, 거친 금속을 인내로써 귀금속으로 변화시키고, 뼈아픈 고통을 환희로, 가난을 부귀로, 그리고 심한 모욕을 영광으로 변화시키는 화금석입니다. 여러분 중에 제 십자가를 충실히 짊어지는 자는, 그가 기역(ㄱ), 니은(ㄴ)도 모른다 하더라도 모든 사람들 가운데 가장 유식한 자일 것입니다.

천사들도 알지 못하는 신비를 깊은 탈혼 상태에서 깨달은 바오로 사도의 말을 들어봅시다. 그는 십자가에 달리신 예수 그리스도 외에는 아무것도 알지 못하고 알려고도 하지 않았습니다. 고등교육을 받지 못했거나 특별한 지식이 없는 여러분은 기뻐하십시오! 여러분이 고통을 즐거이 잘 참아 받을 줄 안다면, 여러분만큼 그렇게 고통을 참아 견딜 줄 모르는 대학교수보다도 더 현명한 자일 것입니다.

여러분은 예수 그리스도의 지체들이니 이 얼마나 큰 영예입니까! 그렇다면 여러분은 어떠한 고통을 당해야겠습니까? 머리가 가시관을 썼는데, 지체들은 장미화관을 써야겠습니까? 머리는 십자가의 길에서 조소를 당하고 진흙투성이가 되셨는데, 지체들은 왕좌에서 향수를 잔뜩 뿌리고 둘러싸여야겠습니까? 머리는 편하게 쉴 베게도 가지지 못했는데, 지체들은 부드러운 깃털과 솜털 방석 위에 드러누워 있어야겠습니까? 아닙니다. 사랑하는 십자가의 동행자들이여, 잘못 생각하지 마십시오! 어디서나 쉽게 볼 수 있는 유행에 민감하며 지나치게 근엄하고 세심한 저 사람들은, 십자가에 못 박히신 예수 그리스도의 진실한 제자가 아니며 참다운 지체도 아닙니다.

만일 여러분이 그렇게 행동한다면, 가시관을 쓴 머리와 복음의 진리에 부당한 행동을 하는 것입니다. '오, 주님, 신자들이 그리스도의 지체라고 말하면서도 한편으로는 그분의 무자비한 박해자라면, 이 얼마나 어처구니없는 일이겠습니까!' 그들은 손으로는 십자성호를 긋지만 마음속으로는 십자가의 원수입니다. 만일 여러분이 가시관을 쓴 머리이신 그리스도와 같은 정신에서 생활을 한다면, 가시와 채찍질, 못, 한마디로 말해서 십자가밖에는 기대하지 말아야 합니다. 그리고 하늘이 시에나의 가타리나 성녀에게처럼 가시관과 장미화관을 내놓으면, 주저하지 말고 성녀처럼 가시관을 선택하고 그리스도를 닮기 위해 그것을 머리에 써야 할 것입니다.

완덕으로 나아가는 길

27. 여러분은 여러분이 성령의 살아있는 성전이요, 사랑이신 하느님께서 여러분을 살아있는 돌과 같이 하늘의 예루살렘을 짓는 데에 사용하실 것을 알고 있지 않습니까!

그러므로 십자가의 망치가 여러분을 내리쳐 다듬는 것을 각오해야 합니다. 그렇지 않으면 밖에 버려져 아무 데도 쓸모없이 천대받는 거친 돌 그대로 있을 것입니다. 내리치는 망치를 거역하지 않도록 주의를 기울이고, 여러분을 다듬는 끌과 손에 반항하지 말아야 합니다. 어쩌면 저 능란하고 애정 어린 건축가인 하느님께서 여러분을 영원한 집의 주춧돌로 삼으시고, 천국의 가장 아름다운 초상화 중의 하나로 삼으실지 모르니 하느님의 뜻에 맡기십시오. 그분은 여러분을 사랑하시고, 당신이 무엇을 어떻게 해야 할 것인가를 잘 아시며, 경험이 있는 분이십니다. 그분의 망치질이나 끌질은 정교하고 사랑이 충만하시며, 여러분이 참지 못해서 그 손놀림을 무익하게 하지 않는 한 그분은 결코 실수하지 않으십니다.

28. 성령께서는 십자가를 껍질과 쭉정이를 가려 알곡을 깨끗하게 하는 키에 비유하십니다. 그러므로 여러분은 자신을 곡식처럼 순순히 털려 탈곡되게 해야 합니다. 이렇게 하여 여러분은 아버지의 삽에 담겨 그분의 곡식 창고에 보관될 것입니다. 성령께서는 십자가를 녹슨 쇠를 태워 깨끗하게 하는 불에 비유하십니다. 하느님은 삼켜버리시는 불이신데, 그분은 십자가를 통해서 옛적에(모세 앞에서) 타오르는 가시덤불 속에 계셨던 것같이 영혼들 속에 머물러 계시면서 그 영혼을 불태워버리지 않으시고 깨끗하게 정화시키십니다. 또는 순수한 금이 제련되는 용광로나 대장간의 도가니에도 비유됩니다. 불순물이 불에 타서 연기로 날아가버리는 동안 순

수한 것은 불에 의한 시련을 견디어내기 때문입니다. 그래서 십자가의 참된 벗들은 고난과 유혹의 도가니 속에서 인내로써 정화되는데, 그들의 원수는 참지 못하고 세차게 반항하다 연기로 사라집니다.

모든 의인은 반드시 고통을 당합니다

29. 사랑하는 십자가의 벗들이여, 보십시오! 내가 여러분에게 말하는 것을 말없이 증명하는 많은 증인의 무리가 구름처럼 여러분 앞에 있지 않습니까! 착한 아벨이 그의 형한테 어떻게 살해되었는지 보십시오! 의인 아브라함은 세상에서 이방인 취급을 받았고, 의로운 롯은 자기 고장에서 추방당하였으며, 신심 깊은 야곱은 형에게 박해받았고, 성실한 토비트는 눈이 멀었으며, 모든 것을 잘 참아 받던 욥은 가난과 비천함에 빠져 머리에서부터 발끝까지 종기 투성이로 뒤덮였습니다. 자신의 피로 붉게 물들여진 수많은 사도들과 순교자들, 그리고 재산을 빼앗기고 천시당하며 내쫓기고 버림받은 수많은 동정녀들과 증거자들을 바라보십시오. 그 모든 사람들이 사도 바오로처럼 "우리의 믿음의 근원이시며 완성자이신 예수만을 바라봅시다!"(히브 12, 2) 하고 외칩니다. 그분은 십자가를 통해서 당신의 영광에 들어가기 위해 고난을 겪어야 했습니다(루카 24, 26 참조).

예수 그리스도 곁에 있는 날카로운 칼을 보십시오. 그 칼은 원죄와 본죄로부터 전혀 물들지 않은 마리아의 사랑에 가득 찬, 죄 없는 마음속 깊이 꿰뚫고 들어갑니다(루카 2, 35 참조). 그분들이 참아 견디어내신 고통에 비해 우리의 고통은 아무것도 아니라는 것을 깨닫도록, 그분들의 고통을 더 가까이서 느낄 수 있다면 좋으련만! 그러므로 우리들 중에 누가 십자가 지는 것을 면할 수 있겠습니까?

안티오키아의 이냐시오 성인처럼 "나는 짓부수어져 하느님의 밀씨가 되련다"라며 외치지 않겠습니까?

우리는 십자가를 피할 수 없습니다

30. 그러나 여러분이 구원받도록 선택된 사람들처럼 참을성 있게 고통을 잘 참아 받기를 원하지 않고 십자가 지기를 싫어한다면, 그런 여러분은 하느님께 버림받은 사람들처럼 초조와 불평 속에서 십자가를 지는 수밖에 없을 것입니다. 여러분은 울면서 계약의 궤를 끌고 가던 저 두 마리 짐승과 다를 바 없을 것입니다. 여러분은 예수 그리스도의 십자가를 마지못해 짊어진 키레네의 시몬과 다를 바가 없지 않겠습니까! 십자가의 높은 데에서 가장 깊은 지옥으로 떨어진 십자가의 좌도와 같은 참변을 결국 여러분도 당할 것입니다. 그는 십자가 꼭대기에서 심연의 밑바닥으로 떨어졌습니다.

31. 우리가 살고 있는 이 저주받은 세상은 한 사람도 행복하게 만들지 못합니다. 이 어두운 골짜기에서는 밝은 빛을 볼 수 없고, 이 거친 바다 위에서는 완전한 안식을 찾을 수 없고, 이 유혹의 장소와 전쟁터에서는 싸움을 피할 수 없습니다. 가시와 엉겅퀴로 뒤덮인 이 세상에서 할퀸 자국이나 상처 없이 지나갈 수 없으며, 착한 사람이나 악한 사람이나 원하든 원하지 않든 모든 이는 자기 십자가를 짊어져야만 합니다.

다음 글귀를 잘 기억하십시오.

괴로움은 너의 숙명

골고타의 십자가를 선택하라!

결정권은 네게 있으니

지혜롭게 골라라!

네가 가진 그 고통은 성스러운 보속이냐?
격렬한 저주의 아픔이냐?

32. 여러분이 예수 그리스도와 같이 기꺼이 고통을 받아들이거나 우도처럼 인내하기를 원치 않는다면, 좌도처럼 억지로 고통을 당할 수밖에 없습니다. 여러분은 아무런 위로도 없이 가장 쓴 잔을 마지막 한 방울까지 마셔야 할 것입니다. 여러분은 예수 그리스도의 힘 있는 도움을 전혀 받지 못한 채, 여러분 자신의 십자가를 전부 짊어져야 할 것입니다. 더욱이 십자가에 대한 여러분의 불평으로 말미암아 마귀까지 가세하여 엄청나게 무거운 짐을 끌고 가야 할 것이고, 여러분은 세상에서 좌도처럼 불행하게 되어 마침내는 그가 있는 영원한 불 속으로 떨어지게 될 것입니다.

십자가의 기쁨

33. 이와 반대로 여러분이 고통을 올바로 받을 줄 안다면, 예수 그리스도께서 십자가를 짊어진 여러분을 도우시어 그 십자가는 가벼운 멍에가 될 것이며, 하늘 높이 날아오르는 영혼의 두 날개가 되고, 평탄하고 행복하게 구원의 항구에 다다르게 할 배의 돛대가 될 것입니다.

여러분이 자신의 십자가를 끈기 있게 지고 가면, 바로 그 십자가는 여러분의 내적 어둠을 밝혀줄 것입니다. 이는 시련과 유혹을 당해보지 않은 사람은 전혀 알 길이 없습니다. 십자가를 기쁜 마음으로 지고 가십시오. 그러면 하느님의 사랑이 여러분을 불사를 것입니다. 이는 아무도 고통 없이는 그리스도의 순수한 사랑 속에 살지 못하기 때문입니다. 이것은 장미 가시가 있는 곳에서 장미꽃을 꺾을 수 있고, 나무로 불을 피우듯이 십자가로써만 하느님의 사랑을 피우게 할 수 있습니다.

그러므로 다음 준주성범의 말씀을 묵상해보십시오.

"네가 고통을 끈기 있게 참아 받으면서 자신을 억제하면 할수록, 너는 하느님의 사랑 안에서 그만큼 많이 성장할 것이다."

자신의 십자가를 거절하고 받아들이기를 꺼려 하는 그런 나약하고 게으른 자들에게서는 어떤 성과도 기대하지 마십시오! 그들은 숙련된 농부가 아직 한 번도 땅을 갈고 경작하거나 추수하지 않아 가시와 엉겅퀴로 뒤덮인 황무지와 같고, 마시지도 빨래물로도 쓸 수 없는 괴어서 썩고 있는 물과 같습니다. 여러분의 십자가를 즐거이 짊어지고 가십시오. 그러면 여러분은 어떠한 원수도 저항할 수 없는 승리의 힘을 그 속에서 발견할 것입니다. 그리고 그 속에서 어디에도 비할 수 없는 황홀한 감미로움을 맛볼 것입니다.

형제들이여! 그리스도를 위하여 당하는 고통 속에 참다운 지상 낙원이 있음을 명심하십시오. 모든 성인들에게 물어보십시오. 그러면 그들은 자신들이 가장 큰 고통을 겪을 때보다 더 큰 즐거움은 다시 없었다고 증언할 것입니다. 순교자 이냐시오 성인은 "지옥의 모든 괴로움을 나에게 주소서!"라고 말했으며, 성녀 데레사는 "나는 고통을 당하든가 죽든가"라는 말을 자신의 좌우명으로 삼았습니다. 파치의 막달레나 성녀는 "나는 죽기보다 고통을 받겠다"고 말했고, 십자가의 성 요한은 "당신을 위해서 고통과 천대를!" 하고 외쳤습니다. 우리가 성인들의 전기를 읽으면서 알 수 있는 바와 같이, 다른 많은 성인 성녀들도 이와 비슷하게 말했습니다.

사랑하는 형제들이여! 하느님을 위하여 기꺼이 괴로움을 당한다면 십자가는 모든 것을 위한 기쁨의 샘이 된다는 것을, 그리고 주님께서는 당신의 성령을 통해서 우리에게 확신시켜주신다는 그 사실을 믿으십시오! 십자가의 기쁨은 가능한 모든 재산을 얻은 가난한 사람의 기쁨보다 더 크고, 왕좌에 오른 농부의 기쁨보다 크며,

승리한 장군의 기쁨보다 더 크고, 쇠사슬에서 풀려난 죄수의 기쁨
보다 더 큽니다. 괴로움의 뜻을 올바로 알고 십자가의 고통을 받는
이의 기쁨은, 세상에서 상상할 수 있는 모든 기쁨들을 내포하고 또
그 모든 기쁨들을 능가합니다.

십자가는 하느님의 가장 큰 선물입니다

34. 하느님께서 여러분에게 큰 십자가의 한 몫을 허락하시면 기
뻐하고 용약하십시오. 하늘과 하느님께 있는 가장 위대한 것들이
여러분도 모르는 사이에 여러분들에게 주어지기 때문입니다. 십자
가는 그 얼마나 큰 하느님의 선물입니까! 여러분은 이러한 십자가
의 의미를 이해하고 미사에 참례하며 성인들의 무덤에서 9일기도
를 바치고, 천상으로부터 하느님께서 주실 이 선물을 구하기 위해
서 성인들처럼 긴 여행을 떠나야 할 것입니다.

세상 사람들은 이를 보고 어리석고 수치스러우며 바보 같고 경솔
하며 무지한 탓이라고 말합니다. 그러나 그 장님들이 제멋대로 지
껄이도록 내버려두십시오. 순수한 인간적인 입장에서, 그리고 완
전히 반대로 십자가를 바라보는 그들의 무지 때문에, 오히려 우리
는 더 영화롭게 됩니다. 그러므로 그만큼 자주 그들은 우리에게 조
소와 박해로써 또한 다른 십자가를 지게 합니다. 결국 그들은 우리
에게 보석을 주고, 우리를 왕좌에 올려놓고, 우리에게 월계관을 씌
워주는 것입니다.

어디 그뿐이겠습니까! 요한 크리소스토모 성인의 말과 같이 모
든 부귀와 명성, 임금과 황제의 왕직과 빛나는 왕관도 십자가의 영
광에는 도저히 미치지 못하며, 또한 그 영광은 사도들과 복음사가
들의 영광보다도 더 큰 것입니다. 성령의 빛을 받은 이 성인은 계
속 말합니다. "만일 내게 선택할 권리가 있다면, 천상의 하느님을

위해 받는 고통 때문이라면 나는 기꺼이 천국을 떠나겠고, 천상의 어좌에 앉는 것보다 오히려 연옥에 있는 것이 더 좋겠고, 세라핌의 영광을 얻기보다는 오히려 가장 큰 십자가를 원하겠다. 또한 나는 악신을 추방하고, 군중을 회개시키며, 태양을 멈추게 하고, 죽은 이를 부활케 하는 기적의 능력보다 고통의 명예를 더 중히 여기겠다."

십자가의 영광

35. 사도 성 베드로와 성 바오로는 천상의 기쁨을 가지고 낙원의 열쇠를 받는 것보다, 발에 쇠고랑을 차고 감옥에서 시달리는 것을 더 명예스러워했습니다. 사실 하느님께서 예수 그리스도께 모든 이름 위에 뛰어난 이름을 주시고, 하늘과 땅 아래에 예수님의 이름을 받들어 무릎을 꿇게 한 것이 십자가가 아닙니까? 고통을 올바로 참아 받을 줄 아는 사람의 내적 영광은 하늘의 천사들과 성인 성녀들, 아니 하늘에 계신 하느님 자신까지 즐겨 바라볼 정도로 위대한 것입니다. 만약 성인들이 또 하나의 희망이 있다면 그것은 아마 십자가를 지기 위해 지상으로 되돌아오는 것일 것입니다.

이처럼 지상에서의 십자가의 영광이 그렇게 크다면, 그것으로 얻게 되는 천국에서의 영광은 얼마나 더 크겠습니까? 십자가를 기꺼이 짊어지는 그 짧은 순간이 영광스런 영원한 보화를 우리 안에 쌓게 한다는 이 사실을 누가 한 번이라도 이해하고 설명할 수 있겠습니까? 더구나 일 년 동안, 때로는 평생을 통하여 당한 고통과 짊어진 십자가가 천국에서 우리에게 약속된 그 영광을 누가 감히 상상할 수 있겠습니까?

사랑하는 십자가의 벗들이여, 한 위대한 성인이 말한 것과 같이, 성령이 여러분을 세상의 다른 모든 사람들이 모면하려고 애쓰는 바

로 그것 안에 밀접하게 일치시키기 때문에 분명 천국은 여러분을
위해 엄청난 어떤 것을 준비할 것입니다. 여러분들이 하느님의 부
르심에 충실하고 예수 그리스도께서 지고 가신 것처럼 자신의 십
자가를 제대로 진다면, 하느님께서도 확실히 모든 십자가의 벗들
을 성인이 되게 하실 것입니다.

십자가를 어떻게 져야 할 것인가?

36. 마귀나 세속 사람들도 그들의 고통을 가지고 있기에 고통
을 그저 단순히 당하는 것으로는 충분하지 못합니다. 그래서 누구
나 예수 그리스도와 더불어 그의 뒤를 따라 자기 십자가를 지고 고
통을 참아 견디어야 합니다. 그러므로 여러분이 지켜야 할 몇 가지
규범을 여기에 기록합니다.

제 1 규범: 어떠한 십자가도 고의로 만들어서는 안 됩니다

37. 고의로나 자신의 잘못으로 어떠한 십자가를 만들어서는 안
됩니다. 더욱이 어떤 선을 이루기 위해 악을 행할 수는 없습니다.
사람들의 멸시를 받고자 특별한 이유 없이 자기 의무를 그르칠 수
는 더더욱 없습니다. 예수 그리스도의 모범을 따라, 이기심이나 허
영심에서가 아니라 하느님의 뜻에 부합하고 이웃 사람의 마음을 얻
기 위해 모든 것을 잘 해야 합니다. 여러분들이 최선을 다하여 자
신의 의무를 완수하면, 하느님의 섭리가 여러분들의 원의나 선택
에 구애받지 않고 배척과 박해와 멸시를 여러분들에게 충분히 베
푸실 것입니다.

제 2 규범: 항상 사랑을 간직해야 합니다

38. 여러분이 하찮은 일을 할 때 그 일로 말미암아 주위 사람들이 부당하게 방해를 받으면, 미소한 이들에게라도 불쾌감을 주지 않기 위해 사랑으로 하던 일을 멈추어야 합니다. 이웃 사랑으로 하는 이 영웅적인 행동은 오히려 여러분이 행하고 또 하기를 원하는 그 일보다 더 가치가 있는 것입니다.

39. 여러분이 행하는 선이 이웃 사람을 위해서 필요하고 유익한 일이지만 어떤 바리사이 같은 사람이나 악의를 품은 사람들이 부당하게 방해하면, 여러분이 하는 그 일이 이웃을 위해 과연 요긴하고 크게 유익한지 알기 위해 지혜로운 지도자에게 문의하십시오. 그래서 필요하고 유익한 일이라고 판단되면 가능한 한 하던 일을 편안히 그대로 계속하면서, 몇몇 제자들이 바리사이파 사람들과 율법학자들이 예수님의 말씀과 행동에 눈살을 찌푸린다고 알렸을 때 예수님께서 대답하신 "그대로 버려 두어라. 그들은 눈먼 길잡이들이다"(마태 15, 14)라는 말씀으로 대답하십시오.

제 3 규범: 우리는 성인들을 모범으로 삼되
    항상 그대로 따라 해서는 안 됩니다

40. 많은 성인들과 의인들은 우스꽝스러운 행동으로 십자가와 경멸과 업신여김을 찾고 마련하기까지 했습니다. 우리는 그들의 영혼 안에서 이루어지는 성령의 신묘한 역사를 감탄하고 경의를 표하며 우러러보기만 하고, 우리는 그렇게 높은 성덕을 보고 자신을 낮추기만 하고, 자신의 힘으로 그렇게 높은 성덕으로 날아 올라가려고는 하지 맙시다. 그것은 날쌘 독수리와 위엄 있는 사자와도

같은 성인들에 우리를 비유할 때, 우리는 공포에 떠는 새와 겁먹은 토끼에 불과하기 때문입니다.

제 4 규범: 십자가의 지혜를 구해야 합니다

41. 여러분은 십자가의 지혜를 구할 필요가 있습니다. 아니 더욱 그것은 구해야만 합니다. 그것은 행복을 주는 것이요, 경험에서 오는 진리의 인식이니, 그것에 의해서 우리는 십자가의 신비와 더불어 깊숙이 숨겨진 신비를 신앙의 빛으로 알아볼 수 있는 것입니다. 그러나 이 지혜는 오직 성실한 노력과 깊은 겸손, 그리고 열렬한 마음의 기도에 의해서만 얻을 수 있습니다. 만일 여러분이 지극히 무거운 십자가를 용감하게 짊어지게 하는 참된 정신과, 영혼의 더 깊은 곳까지도 가장 역겨운 쓴맛을 사양하지 않는 선하고 부드러운 정신, 그리고 하느님 외에 아무것도 찾지 않는 건전하고 올바른 정신, 한마디로 말해서 그 속에 모든 것을 품고 있는 십자가의 지식을 가지고자 원한다면, 그것을 얻지 못할까 망설이거나 두려워하지 말고 끝까지 또 끈기 있게 기도해야 합니다. 그러면 여러분은 십자가의 정신을 틀림없이 갖게 될 것입니다. 그래서 그 경험은 십자가를 열망하며 찾고, 그것에 기쁨을 누릴 수 있는 방법을 여러분에게 명백히 가르쳐줄 것입니다.

제 5 규범: 잘못과 십자가는 우리를 겸손하게 만듭니다

42. 만약 여러분이 몰라서나 또는 자신의 탓으로 십자가를 짊어질 잘못을 저질렀다면, 즉시 전능하신 하느님의 발아래 깊이 뉘우치는 마음으로 엎디어 용서를 청하십시오. 더욱이 당황하여 "주님, 제가 왜 이런 일을 저질러야 합니까!" 하는 식으로 말하지 마

십시오. 만일 여러분이 저지른 잘못이 죄가 되는 것이었다면, 벌처럼 여러분이 마땅히 당하게 되는 천한 대접을 받아들이십시오. 만일 죄가 없다면 여러분의 자만심을 낮추기 위해 유익한 것으로 받아들이십시오. 하느님께서는 가끔 가장 높은 은총 지위에 있는 위대한 이들이 극히 굴욕적인 과실을 범하게 하여, 자신의 눈과 세상 사람들에게 창피스럽게 보이도록 하십니다. 그렇게 함으로써 하느님께서 그들이 교만한 생각을 가지지 않도록 그들에게 주신 은총과 그들의 선행을 그들이 보는 앞에서 빼앗으시고, 아무도 하느님 앞에서 자랑하지 못하도록 그들이 창피스러운 잘못을 저지르는 것을 허락하시는 일이 매우 자주 있습니다.

제 6 규범: 하느님께서는 우리 안에 숨어서 활동하십니다

43. 우리 안의 모든 것은 원죄와 본죄로 말미암아 타락했으며, 육체적 관능뿐만 아니라 영혼의 모든 능력까지도 타락했다는 것을 알아야 합니다. 그리고 이처럼 타락한 우리 정신이 하느님께서 우리에게 베푸신 것들을 자기 나름대로의 생각이나 만족으로 바라본다면 그러한 선물과 행위와 은총 역시 아주 더럽혀지고, 하느님께서는 거기에서 당신의 눈을 돌리신다는 것을 확신하도록 하십시오. 이렇게 사람의 정신의 눈길과 생각이 하느님의 위대한 업적과 은혜를 상하게 한다면 정신의 행위보다 더 타락한 우리 자신의 의지에서 나오는 행위에 대해서는 무슨 말을 해야 옳겠습니까?

그러므로 하느님께서 당신의 자녀들을 사람들의 눈길이나 자기의 지식에 의해 더럽혀지지 않도록 "하느님의 시야 안에 감싸서 숨겨 두기"(시편 31, 21 참조) 원하시는 것을 놀랍게 생각할 필요는 없습니다. 그리고 질투하시는 하느님께서는 그들을 숨겨두기 위해 무엇이라도 하시지 않겠습니까! 하느님께서는 그들에게 얼마나 많은

굴욕을 마련해주십니까! 그분은 또한 그들이 얼마나 많은 잘못을 저지르도록 내버려두십니까! 그들이 바오로 사도처럼 어떠한 유혹이라도 당하도록 내버려두시지 않습니까! 어떤 불안과 암흑 그리고 고독에도 그들을 내버려두시지 않습니까! 당신의 성인들과 그들을 겸손과 성덕의 길로 인도하기 위해 데려가시는 길을 보면 하느님은 얼마나 놀라운 분이십니까!

제 7 규범: 십자가, 죄에 대한 벌

44. 그러므로 여러분의 십자가는 큰 것이고, 그 십자가는 여러분의 충성에 대한 시험이며, 동시에 여러분에게 베푸시는 하느님의 특별한 사랑이라고 믿지 않도록 주의하십시오. 자신만을 찾는 교만한 사람들은 그렇게 믿고 있습니다. 이러한 태도 안에는 아주 작지만 대단히 중대하고 지극히 위험하며 교만한 정신이 숨어 있습니다.

오히려 다음과 같이 생각해야 합니다. 여러분은 교만하고 허풍이 심해서 지푸라기를 들보로, 바늘에 찔린 것을 칼에 맞는 것으로, 모기를 코끼리로 과장합니다. 중요하지도 않은 우연한 말이나 아무 의미 없는 것을 가지고 지독한 모욕이나 엄청난 배신이나 되는 것처럼 생각합니다. 하느님께서 여러분에게 보내시는 십자가는 특별히 베푸시는 어떤 호의의 표시가 아니고, 여러분의 죄 때문에 내리는 사랑에 가득 찬 벌입니다.

사실 그렇습니다. 하느님께서 여러분에게 십자가와 겸손을 위해 보내시는 그 어떠한 굴욕도, 여러분의 많고 큰 죄에 비하면 무한히 너그럽게 보아주시는 것입니다. 여러분의 죄들을 거룩하신 하느님을 통해서만 살펴봐야 합니다. 여러분은 불의한 것을 조금도 용납하지 않으시는 하느님의 그 거룩함을 거슬렀기 때문입니다. 여러분은 자신의 죄를 사건이 일어난 시점에서부터 명백히 살펴봐야 합니다. 하느님께서는 여러분의 죄 때문에 고통으로 시달리신 나머지 돌아가셨기 때문입니다. 그리고 영원한 지옥을 분명히 생각해 보아야 합니다. 왜냐하면 여러분은 아마 천만 번 지옥에 가야 마땅할지 모르기 때문입니다. 여러분이 당하는 고통의 그 인내 속에는 여러분의 생각 이상으로 많은 인간적이고 자연적인 요소가 들어있습니다. 이것을 친구들에게나 고해신부에게 극히 자연스런 마음으로 털어놓음으로써 잔잔한 위로를 받아보겠다는 조그마한 욕망도 함께 포함되어 있습니다. 여러분은 얼마나 교묘하고 재빠르게 자신을 변명할 줄 아십니까! 또 이웃 사랑을 가장하여 얼마나 그럴싸하게 하소연을 합니까! 십자가를 지게 만든 사람들에 대하여 얼마나 불미스럽게 말합니까! 여러분은 정말로 고통을 절실히 기꺼이 받아들입니까? 여러분은 루치펠처럼 자신의 위대함을 믿지는 않습니까? 고통을 받는 중에라도 그 교활한 면에 대하여 표현하고자 한다면 나는 도저히 그럴 수가 없을 것입니다.

제 8 규범: 작은 십자가의 가치

45. 여러분의 작은 고통들을 큰 고통보다도 더 많이 이용하도록 하십시오. 하느님께서는 고통 자체를 보시는 것보다 그것을 견디어 나가는 정신 자세를 보십니다. 많은 고통을 받아도 올바로 받지 못하면 저주받은 사람처럼 고통을 받는 것입니다. 많은 고통을 용감하게 받지만 나쁜 동기로 참아 견디는 것은, 마귀들이 고통당하는 것과 같습니다. 고통을 적게 받으나 많이 받으나 하느님을 위해서 참아 견디면, 이는 성인들처럼 고통을 받는 것입니다. 어느 십자가든 선택해야 하는 것이 사실이라면, 그것은 특히 작고 숨겨진 것과 크고 두드러진 것 가운데서 선택하는 것을 말합니다. 만일 크

고 두드러진 십자가를 찾고 그것을 골라잡는다면, 그것은 자연적인 교만이 소산일 수 있습니다. 그러나 작고 숨겨진 십자가를 선택해서 기꺼이 짊어지는 것은, 오직 하느님의 큰 은총과 하느님께 대한 충실에서만 그렇게 할 수 있을 것입니다. 그것은 마치 상인이 자기 상점에서 수단과 방법을 가리지 않고 이익을 남기려는 것과 같습니다. 그러므로 순수한 십자가의 아주 작은 부분이라도 잃어버리면 안 됩니다. 즉 한 마리 모기한테 물리거나 바늘에 찔리는 것, 신경을 곤두서게 하는 이웃의 보잘것없는 성가심, 누군가의 잘못으로 인해 듣게 되는 불친절한 말, 작은 물건의 분실, 조그마한 정신적인 궁핍, 신체적인 피로 또는 육신의 가벼운 아픔까지도 무시해서는 안 됩니다. 그러므로 여러 가지를 파는 노점 상인처럼 닥치는 대로 무엇이든지 이익을 보도록 하십시오. 그러면 자기 상점에서 한 푼 두 푼 모아 부자가 되는 상인처럼, 여러분은 곧 하느님 안에서 부자가 될 것입니다. 아주 작은 성가심을 당할 때에 "하느님께 찬미! 나의 주님, 당신께 감사드립니다" 하고 말하십시오. 그러고 나서 방금 얻은 십자가를 무엇이든 큰 이익을 주시는 하느님의 기억 안에 쌓고는 "하느님께 감사" 혹은 "자비하신 나의 예수님!" 하고 말하는 것 외에는 더 이상 생각하지 마십시오.

제 9 규범: 세 가지 사랑

46. 여러분에게 십자가를 사랑하라고 말하는 것은 감각적인 사랑을 두고 하는 말이 아닙니다. 십자가의 사랑은 순수 인간적인 것만으로는 불가능하기 때문입니다. 사랑은 흔히 세 가지 종류로 분류됩니다. 감각적인 사랑과 이성적인 사랑, 그리고 완전한 하느님 사랑이 그것입니다. 다시 말하면, 저속한 사람들의 사랑(육체적인 사랑)과 고상한 사람들의 사랑(이성적인 사랑), 그리고 정신적 사랑

의 최고봉, 또는 영혼의 제일 깊은 곳에서 우러나는 사랑(신앙으로 비추어져 깨달은 지성적 사랑)입니다.

(1) 감각적인 사랑

47. 하느님께서는 여러분에게 육체적인 원의 때문에 십자가를 사랑하는 것을 요구하시지 않습니다. 육체는 부패하고 죄에 물들어 있으며 거기서 생기는 모든 것은 선하지 않기 때문입니다. 육체는 자기 자신의 힘으로는 하느님과 십자가의 계율에 전혀 복종할 수 없습니다. 그러므로 구세주 예수 그리스도께서는 올리브 동산에서 "아버지, 제 뜻대로 하지 마시고 아버지의 뜻대로 하소서!" 하고 부르짖으셨습니다. 예수 그리스도의 자연적 본성이 거룩함에도 불구하고 십자가를 끊임없이 사랑할 수 없었다면, 하물며 그 자연적인 본성이 완전히 타락한 우리에게 있어서는 더 말할 필요가 있겠습니까! 어떤 성인들이 지니셨던 것과 같이 우리의 고통에 대해서 깨달을 수 있는 일종의 기쁨을 느낄 수도 있으나, 그 기쁨이 감각적으로 지각할 수 있다고 해서 다만 육에서 오는 것만이라고는 할 수 없습니다. 그것은 영성의 높은 데서 오는 것이니, 거기에 성령의 신성한 기쁨이 너무도 충만해서 인간 본성의 낮은 데로 넘쳐 흐르는 것입니다. 그래서 사람들은 가장 깊은 고통에 빠져 있는 순간에도 "나의 영혼과 육체가 살아계신 하느님 안에서 기뻐한다"라고 말할 수 있습니다.

(2) 이성적인 사랑

48. 십자가의 사랑에는 그의 근거를 이성에, 즉 영혼의 더 높은 위치에 두고 있는 다른 한 종류가 있습니다. 이 사랑은 완전히 정신적입니다. 하느님을 위해서 고통당하는 것이 얼마나 복된 것인가를 깨닫는 데서 우러나오는 사랑입니다. 영혼은 이 사랑을 의식

하며 또 이 사랑에서 위로와 힘을 얻습니다. 이렇게 알아볼 수 있는 이성적인 사랑은 참으로 훌륭한 것이기는 하지만, 기쁘고 훌륭하게 고통을 참아 견디는 데에 반드시 필요한 것은 아닙니다. 그러므로 영성생활의 스승들이 말하는 영혼의 절정, 혹은 영혼의 깊은 곳에 있는 또 다른 사랑이 있습니다. 철학자들이 표현하는 또는 정신 안에 있는 또 다른 종류의 사랑입니다.

(3) 순수한 신앙의 사랑

49. 이 사랑은 감각적인 본성이나 이성으로는 조금도 기쁨을 느끼지 못하지만 그럼에도 불구하고 자기가 지고 가는 십자가를 순수한 신앙 속에서 사랑하고 그 가치를 알고 있습니다. 물론 미약한 이들은 아주 반발하고 저항하며 신음하고 탄식하며, 울면서 도피의 길을 찾아 헤매지만, 순수한 신앙 속에서 십자가를 지는 사람은 예수 그리스도와 함께 이렇게 말합니다. "아버지, 제 뜻대로 하지 마시고 아버지의 뜻대로 하십시오"(루카 22, 42). 또는 거룩한 동정 마리아와 함께 "이 몸은 주님의 종입니다. 지금 말씀대로 저에게 이루어지기를 바랍니다"(루카 1, 38) 하고 말할 수 있습니다. 두 분의 이러한 사랑의 자세로 우리는 십자가를 사랑하고 받아들여야만 합니다.

제 10 규범: 모든 십자가를 받아들여야 합니다.

50. 사랑하는 십자가의 벗들이여, 여러분은 어떤 십자가든지 고르지 말고 예외 없이 받아들이기로 결심하십시오. 모든 가난과 불의, 모든 손실과 질병, 갖은 모욕과 반대, 모든 정신적인 권태와 무미건조함, 그리고 모든 영육간의 고통을 참아 받아야 합니다. "주님, 제 마음은 준비되어 있나이다" 하고 항상 말하십시오. 그리고

여러분은 사람들과 천사들로부터, 심지어 하느님으로부터도 버림받을 것을 각오하십시오. 박해, 질투, 배신, 중상모략과 악덕, 기타 모든 것에서 버림받게 될 것을 각오하고 있어야 합니다. 배고픔과 목마름, 비참한 가난과 헐벗음, 추방과 투옥, 모든 고문과 교수형을 감수하고, 비록 이상과 같은 고통을 주는 범죄를 거짓으로 여러분에게 뒤집어씌운다 해도 우리는 피할 수 없는 고통을 참아 받을 굳은 결의를 가져야 합니다. 이러한 것이 하느님의 영광과 참되고 완전한 십자가의 벗들을 위한 참다운 행복의 절정이라는 것을 굳게 믿으십시오.

제 11 규범: 네 가지 고찰

51. 여러분은 올바른 방법으로 고통을 받는 데에 도움이 되는 다음 네 가지 조건을 항상 묵상하는 데 익숙해지도록 하십시오.

(1) 하느님을 우러러보면서 고통을 참아 받음

첫째, 여러분은 하느님께서 여러분을 내려다보고 계신다는 것을 생각하십시오. 그분은 마치 위대한 왕이 높은 탑 위에서 교전交戰 중에 있는 자기 부하들을 흡족하게 바라보면서 그들의 용기를 칭찬하는 것처럼 하십니다.

하느님께서는 과연 세상의 무엇을 관찰하십니까? 옥좌에 앉아 있는 왕과 황제들입니까? 하느님께서는 그들을 자주 경멸의 눈으로 바라보십니다. 하느님께서는 혹시 군대의 승리나 값비싼 보석처럼 인간들의 눈에 귀중하게 보이는 것을 바라보고 계시지는 않을까요? 아닙니다. 인간의 눈에 위대하게 보이는 것은 하느님께는 가증스럽게 보입니다. 그렇다면 하느님께서 당신 뜻에 의합하고 기쁘게 바라보시는 것이 무엇이며, 그분이 천사들과 심지어 마귀들에게까지 물어보시며 마음에 들어 하시는 그 사람은 과연 누구입니까? 그는 하느님을 위해 운명과 세상과 지옥에 대항하고 자신을 거슬러 싸우는 사람이며, 자신의 십자가를 즐거이 지는 사람입니다. "너는 세상에서, 천상 전체가 놀라움을 금치 못하는 위대한 기적을 본 일이 있는가?", "너는 나를 위해 고통 받는 내 종 욥을 눈여겨 보았느냐?"(욥기 2, 3 참조) 하고 하느님께서는 사탄에게 질문하셨습니다.

(2) 하느님은 우리의 고통을 막지 않습니다

52. 둘째, 크고 작은 것을 막론하고 우리에게 부딪히는 모든 자연적인 어려움은 전능하신 하느님의 손에 달려있음을 여러분은 생각해야 합니다. 수백만 대군을 멸하시는 바로 그 손이 나뭇잎과 여러분의 머리카락을 떨어지게도 하시는 손, 욥에게는 심하게 내리치셨는데 여러분에게는 가볍고 작은 어려움을 보내시며 부드럽게 치십니다. 바로 그 손으로 하느님께서는 낮과 밤, 빛과 어둠을 창조하셨습니다. 하느님께서는 죄악을 원하지 않으셨지만 그 죄의 소행을 내버려두시기 때문에 여러분을 거슬러서 범하는 죄를 막지 않으셨습니다. 시므이가 한때 다윗 왕에게 한 것처럼, 누가 여러분을 욕하고 돌로 치거든 여러분은 자신에게 말하십시오. "우리는 보복하지 말고 하느님께서 그에게 명하였으니 그가 하는 대로 내버려두자. 모든 불의는 나에 의한 것이니 하느님께서 나를 정당하게 벌하시는 것을 알고 있다. 두 손으로 그를 치지 말고 가만히 있어라. 내 혀는 아무 말도 말고 조용히 하라! 누구든지 나를 모욕하고 불의를 가하는 사람들은 자비하신 하느님께서 나에게 보내신 사자(使者)다. 그들은 나를 벌하기 위해서 오지만 하느님으로부터 오는 자이다. 그러므로 우리는 하느님의 자비심을 업신여기지도 말고, 그의 사랑에서 우러나온 채찍질에 저항해서도 안 된다."

하느님께서는 영원한 판결을 내릴 지엄한 재판장을 위해 징벌을 쌓아두실지도 모릅니다.

53. 전지전능하신 하느님께서 어떻게 한 손으로는 여러분을 치시는 동안, 다른 한 손으로는 여러분을 부축해주시는지 쳐다보십시오. 그분은 낮추셨다가 다시 끌어올리시며, 태어나서부터 죽을 때까지 때로는 인자하게 때로는 엄하게 여러분을 돌보아주시지 않습니까! 인자하게 대하심은 하느님께서 여러분이 힘에 겨운 유혹이나 고통을 당하게 허락하시지 않기 때문이며, 엄하게 대하심은 유혹과 고통의 정도에 따라 또는 계속되는 기간에 따라 적합하게 강력한 은총으로 힘껏 도와주시기 때문이며, 하느님께서 성령을 통하여 성교회에 알려준 바와 같이 그분 자신이 지옥의 주변을 방황하는 여러분들을 위한 보루가 되어주시기 때문입니다.

여러분이 길을 잃을 때 그분은 이끌어주시고, 화상을 입으면 시원함과 진통의 약이 되어주십니다. 여러분이 비에 젖으면 덮어 보호해주시고, 추위에 떨면 따뜻하게 녹여주시고, 피로에 지쳐 움직일 수 없을 때는 덮어서 옮겨주시고, 괴롭힘을 당할 때는 도와주십니다. 또한 험난한 길에서는 지팡이가 되어주시고, 태풍 속에서 파선과 죽음의 위협에서는 구원의 항구가 되어주십니다.

(3) 십자가 상의 그리스도와 함께 고통을 당하십시오

54. 셋째, 여러분은 십자가에 못 박히신 그리스도의 상처와 아픔을 묵상해야 합니다. 그분은 여러분을 향하여 말씀하십니다. "내가 걸어갔던 십자가의 가시밭길을 걷고 있는 너희들은 모두 나를 바라보라. 혹시 너희들의 가난과 헐벗음, 굴욕과 고통, 버림받음이 내가 받은 그것과 비교될 수가 있는지 너희들의 눈으로 분명히 나를 새겨보아라. 죄 없는 나를 보아라. 그리고 죄 많은 너희들 자신

을 탄식하라." 성령께서는 사도들의 입을 빌려 우리의 눈을 십자가 상의 예수 그리스도께로 향하라고 명령하십니다. 우리는 우리의 모든 적들에 대하여 가장 예리하고 무서운 무기, 즉 십자가 상의 예수 그리스도께 대한 생각으로 자신을 무장해야 합니다. 만일 가난과 모략, 고통과 유혹 그리고 여러 가지 십자가들이 여러분을 몰아치면 여러분은 방패와 창과 투구와 쌍날칼로, 즉 십자가에 못 박히신 그리스도의 정신으로 무장하십시오. 그러면 모든 어려움을 해소하고 어떤 적에게서나 승리를 거둘 것입니다.

(4) 천국에서의 화관

55. 넷째, 만일 여러분이 자신의 십자가를 잘 지고 간다면, 천국에서 여러분을 기다리는 찬란히 빛나는 아름다운 화관에로 시선을 두십시오. 이 상급은 성조들과 예언자들을 그들의 신앙과 모든 박해 가운데서 똑바로 이끌어주었으며, 사도들과 순교자들이 어렵고 괴로워할 때 용기를 주었던 것입니다. "우리는 잠시 동안 죄악 속에서 기쁨을 맛보느니보다는 기꺼이 하느님과 더불어 영원히 행복하기 위해 하느님의 백성과 함께 고통 받기를 원한다"고 모세와 같은 성조들은 말했습니다. "우리는 상 받을 희망 속에서 크나큰 어려움을 참아 받고 있다" 하고 예언자들은 다윗의 표현을 빌려 말했습니다. 그러나 바오로 사도를 포함한 사도들과 순교자들은 이렇게 말했습니다. "하느님께서 우리 사도들을 사형 선고를 받은 사람들처럼 여기시고, 그들 중에서도 맨 끝자리에 내세워 세상과 천사들과 뭇 사람들의 구경거리가 되게 하신 것 같습니다"(1코린 4, 9).

56. 천사가 우리를 부르는 하늘로 시선을 돌리십시오. "너희들에게 지워진 십자가를 잘 메고 가려면, 너희들에게 주어질 화관을 잃지 않도록 주의하라. 너희들이 만일 그 화관을 쓰기를 원하지 않

는다면 다른 사람이 그것을 쓸 것이며, 결국 너희들은 그 화관을 빼앗기게 되는 것이다." "용감하게 싸우고 꾸준하게 고통을 참아라." 이렇게 모든 성인들이 우리에게 말을 건넵니다. "그러면 너희는 영원한 왕국을 얻게 될 것이다." 그리고 끝으로, 예수 그리스도께서 하신 말씀을 들어보십시오. "고통을 꾸준하게 참고 그 인내로써 승리하는 자에게 내 상급을 주겠노라."

57. 그러면 이제 우리는 지옥을 한번 내려다봅시다. 만일 우리가 지옥에 있는 자들처럼, 반항과 교만 그리고 앙갚음의 정신으로 고통을 받으면 우리는 마땅히 지옥으로 가게 될 것이며, 좌도와 저주받은 자들이 그곳에서 우리를 기다릴 것입니다. 그러므로 우리는 아우구스티노 성인처럼 외칩시다. "오, 주님! 세상에서는 제 죄에 대한 벌로써 저를 태우시고 저에게 상처를 주시고 저를 못 박으소서. 그러나 영원한 저세상에서는 저를 보호하소서."

제 12 규범: 원망하지 마십시오

58. 여러분은 여러분에게 고통을 주는 사람들에 대해 고의적으로 원망하거나, 또 하느님께서 사용하시는 피조물에 대해서 절대 불평하지 마십시오.

59. 여러분이 근심 걱정 중에 불평하는 것을 다음 세 가지로 구분할 수 있습니다. 불평의 첫 번째 종류는 고의적이 아닌 자연적인 것으로서, 신음하고 한숨지으며 하소연하고 울며 애통해 하는 육신에 의한 것입니다. 내가 지금까지 언급한 그 선한 영혼이 하느님의 뜻에 자신을 맡긴다면, 거기에는 아무런 죄도 있을 수 없습니다.

60. 불평의 두 번째 종류는 이성적인 것으로서, 자신의 어려움을 해결해줄 수 있는 사람들, 예를 들면 윗사람이나 의사에게 자신의 괴로움을 드러내 보이고 하소연하는 것입니다. 이런 종류의 한탄은 너무 서두를 때에는 불완전할 수 있습니다. 그러나 죄가 되는 것은 아닙니다.

61. 세 번째 종류는 죄가 되는 불평인데, 우리에게 고통을 주는 그 불행을 모면하기 위해서나 보복하기 위해서, 어떤 이웃 사람에게 불만을 가지거나 자기가 겪고 있는 아픔을 고의적으로 알리면서 원망하고, 동시에 전혀 인내심 없이 그것에 반항한다면 이것은 죄가 되는 것입니다.

제 13 규범: 십자가에 대하여 감사하십시오

62. 겸손과 사랑의 정 없이 십자가를 받아들여서는 절대 안 됩니다. 인자하신 하느님께서 여러분을 위해서 큰 십자가를 마련하시면 그분에게 마음을 다하여 특별히 감사드리고, 다른 십자가를 통해서도 그분에게 감사할 줄 알아야 합니다.

제 14 규범: 자발적인 극기

63. 여러분의 자발적인 동의 없이 주어진 가장 복된 십자가를 타당하게 짊어지려면, 훌륭한 고해신부의 지도 아래 그 십자가를 자발적으로 받아들여야 합니다.

64. 예를 들면, 여러분에게 반드시 필요하지 않으면서도 마음으로 아끼는 물건이 집에 있다면 그것을 가난한 사람에게 주면서 자

신에게 말하십시오. "예수님은 매우 가난하신데도 나는 이런 필요 이상의 재물을 가져야만 옳은가?" 어떤 덕행에 있어서도 마찬가지지만, 여러분의 입맛에 맞지 않는 음식이 있으면 그것을 먹음으로써 덕을 닦고 극기하십시오.

65. 만일 여러분이 십자가를 진실로 경외한다면, 불가능이 없으신 분께서 여러분 자신도 모르는 사이에 풍족하게 수없이 많은 십자가를 내보일 것입니다. 그것도 드러나게 십자가를 짊어지고 가는 허영심을 갖지 않을까 염려하지 않고 작은 십자가를 제시할 것입니다. 여러분이 작은 십자가에 충실했다면, 하느님께서는 여러분을 당신의 약속대로 더 높은 곳에 앉히실 것입니다. 그것 때문에 하느님께서는 여러분에게 많은 은총과 십자가를 보내주시고, 여러분을 하느님의 지극한 영광에 참여케 하실 것입니다.

성모님께 대한 참된 신심

교회인가   1999년 6월 28일(부산교구)
개정1쇄   2000년 7월 25일
개정17쇄   2024년 5월 28일
지 은 이   몽포르의 성 루도비코
펴 낸 이   김경희 수녀
펴 낸 곳   아베마리아출판사
주   소   부산광역시 남구 장고개로 16번길 13
편 집 부   Tel (051)635-4503
판 매 부   Tel (051)631-2929, 631-2009
            Fax (051)644-4503
등   록   제 가 7-26호

I S B N 978-89-90243-66-9   03230
ⓒ 아베마리아, 2000

http://sihm.or.kr/avemaria
http://www.facebook.com/avemariapublishing
pusanave@catholic.or.kr
ave4503@naver.com

7,000원